「形の無いモノ」の売り方

石川隆

青山ライフ出版

はじめに……………………………………………………………………… 4

本書でお伝えしたいこと………………………………………………… 7

1章　ステップ0　売り手のスタンス定義（心の準備から）………… 16
　　　1．「形の無いモノ」のビジネスでは正解が複数ある ……………… 18
　　　2．お客さまは投資をする、売り手はリターンを返す………………21

2章　ステップ1　お客さまのこと・お客さまの実現したいことを識る、聞く… 25
　　　1．売り手がお客さまについて知っていることは氷山の一角？……………27
　　　2．「教えてください」と言える勇気 ……………………………30
　　　3．聞く力＝お客さまに多くを話してもらう力＝質問する力…………31
　　　4．会話2：8の法則………………………………………………32
　　　5．お客さまも「今」を話す時に勇気が必要……………………………33
　　　6．よく練られた質問はお客さまも心地よい…………………………35
　　　7．質問には意図がある………………………………………………38
　　　8．事例の上手な使い方………………………………………………43

3章　ステップ2　お客さまとの会話を記録し、構成する……………46
　　　1．時間の連続性を意識する………………………………………47
　　　2．何をどのようにまとめて次回持参すれば、
　　　　　お客さまにとって心地よいか？………………………………48
　　　3．真っ白なキャンバスをお客さまの言葉でうめてゆく……………50
　　　4．土をつくる作業……………………………………………………59

4章　ステップ3　実現案の仮説をたたき台の形にする………………61
　　　1．実現案のたたき台をつくる………………………………………62
　　　2．実現案に必要な観点「根拠が明確か？」
　　　　　「思考プロセスが見える形になっているか？」……………………66

3．実現案に必要な観点「実現する価値」……………………… 69
　　4．実現案に必要な観点「実行できることか？」
　　　　できること、できないことの見極め …………………………… 70
　　5．実現案に必要な観点 「許容できる変化か？」
　　　　変えてよいもの、変えてはいけないものの見極め ……………… 72
　　6．実現案はひとつだけ？ …………………………………………… 75
　　7．良いなぜなぜ？　と悪いなぜなぜ？ …………………………… 76
　　8．実現価値の体系化……………………………………………… 77
　　9．実現価値をどのように表現するか？ …………………………… 81
　10．お客さまの投資（お金）をお客さまと一緒にマネージする ………… 83
　11．やりたいことに比してお客さまの予算が足りない時 …………… 84

5章　ステップ4　提案書をつくる………………………………………… 88
　　1．提案書は売り手の作品作り、同時にお客さまの記念品 ………… 89
　　2．提案書の目次とステップの関係 ………………………………… 90
　　3．提案内容は肯定文で …………………………………………… 93
　　4．リターンを評価するプロセスを述べる ………………………… 94
　　5．お客さまにとってのお金の見え方 ……………………………… 95

6章　ステップ5　提案内容をお客さまと検証する……………………… 98
　　1．意思決定するタイミングでのお客さまの不安 ………………… 99
　　2．お客さまの意識の動き ………………………………………… 102
　　3．価格交渉（ネゴ）があるお客さまの場合 ……………………… 105
　　4．本書のまとめ …………………………………………………… 107

あとがき……………………………………………………………………… 112

付録…………………………………………………………………………… 117

はじめに

「形の無いモノ」とは、売る時点で形の無い、住宅・建築・情報システム・プラント・サービスなどの販売対象のことです。本書でお話ししたいことは、「これら形の無い対象を売るプロセスには、お客さまと売り手双方の理解や納得感を向上させ、結果的に受注確度も高まる共創メカニズムのようなものがある」という点です。このメカニズムの体系化、プロセスの構造化が本書の主題です。

「形の無いモノ」を売るビジネスの最前線は、お客さまと売り手が協力して解を探してゆく活動です。売る時点で完成物が無い対象を売るビジネスでは現物がありませんので、必然的にお客さまと売り手が膝をつき合わせて実現する形を検討するプロセスが必要になります。

「形のある物」であれば、製品や完成物をお客さまにご覧いただいて価値を感じてもらえるかもしれません。しかし売る時に形が無くて、お客さまの未来への投資となる「形の無いモノ」では、お客さまの要件にもとづく個別手作り的な割合が多くなります。手作りということは、ビジネスのレールが敷かれていないと言い換えることもできます。従ってレールを敷く作業、つまり「形の無いモノ」を売るプロセスが重要になります。

また「形の無いモノ」を売るビジネスでは、売るプロセスの品質とビジネス品質が連動しています。つまり売るプロセスの品質を上げないとビジネスそのものの品質が上がりません。同時に、お客さまに提供する価値も向上しません。

ビジネス品質について少しふれますと、世の中にはどんな経緯でこのような形になったのかと首をかしげたくなる物が散見されます。例えば、高額な費用を払って作ったと思われる情報システムや施設などです。「どんな姿形であれ、それは買う人の勝手でしょ」と言ってしまえばそうなのですが、もしかすると売り手と買い手双方の「売る」「買う」プロセスが

きちんと積み上がらずに、極めて少ない選択肢や煮え切らない仕様で物をつくってしまったのではないかと思えるものがあります。あるいはお客さまの投資に対する価値の創出がおろそかになり、売りっぱなしになってしまっているものもあるように見受けられます。仮にこうした状況が日本の中で蔓延しているとするならばとても不安になります。「売る」「買う」プロセスの品質を高めることが結果的に、日本全体のビジネス品質を高めることにつながるように思うのです。

　本書は売るテクニックを論ずることが主題ではなく、「形の無いモノ」を売るビジネスプロセスの体系化、構造化が主題です。その理由は、「形の無いモノ」はテクニックで売れないからです。

　本書の中で体系化を試みたほとんどのプロセスは簡単で当たり前のことばかりです。とはいえ、簡単なことだからこそ意外に実践できていないと感じる部分があるかもしれません。まずは軽い気持ちで最後までお読みいただくとよいと思います。

　では「形の無いモノ」の売り方を一緒に考えてみましょう。

本書で
お伝え
したいこと

本書で伝えたいことを要約すると以下のような内容になります。「形の無いモノ」の売り方の基本的な考え方です。

　売る時にまだ形が無い「形の無いモノ」のビジネスでは、お客さまからいただくお金はお客さまの未来への投資です。ということは価値のリターンを返して初めてバランスします。ただし価値のとらえ方は絶対的なものではなくお客さまごとに異なります。価値はお客さまが決めるものであり、売り手が決めるものではありません。
　お客さまが享受する価値に対して投資額が見合ったものであれば「良い買いモノ」となりますし、満足度が上がります。
　「形の無いモノ」を売る場合、お客さまの未来への投資に対して価値のリターンを返すことが売り手の使命であるという強い意識づけが重要になります。そのためにもまず売り手の意識の軸を定める必要があります。これを**ステップ０「売り手の意識定義」**と呼んでいます。

　「形の無いモノ」のビジネスの最大の特徴は、最終的に形ある物として完成するものの、売る前には形が無くて正解が複数存在することです。「形のある物」の場合には実物があり即物的なのに対して、「形の無いモノ」では形が無いがゆえに、いろいろな実現の姿があり得るということです。複数の解が想定される中でお客さまにとってのベストあるいはベターな解を探してゆくことになります。
　さらに物事を感じ・考え・決める主役は人間という複雑でハイタッチな存在です。お客さまと売り手は共に人間ですから、機械的に「公式や定理はこうこうです」というわけにはゆきません。個々のお客さまにはそれぞれの事情や物の考え方があります。お互いの感情と理解の中で解を探してゆくというところがとても厄介なのです。
　「形の無いモノ」の代表的なビジネスとしては、建築や情報システム・プラント・新たなサービスやビジネスモデルの創出・業務改革支援などがあ

ります。総じて個別生産的なものです。

「形の無いモノ」の売り方においては、お客さまの投資に対する価値のリターンを最大化できるようにお客さまと共に解を創ってゆくプロセスが最も重要です。別の表現をするならば、お客さまと一緒に価値や価値の基準を創造してゆくプロセスとなります。このプロセスにはメカニズムが存在するように思えます。このメカニズムの体系化（構造化）が本書の主題です。

「形の無いモノ」のビジネスにおいては、ぼんやりとした要件や実現の姿はお客さまの価値観や意識の中に存在していてそれがお客さまの言葉となって表出します。つまりすべての始まりはお客さまと会話して、お客さま自身のことやお客さまが実現したいモヤモヤを理解することにあります。（おつきあいが恋人の関係に発展する前と同じです）これが**ステップ1「お客さまのこと・お客さまの実現したいことを識る、聞く」**です。

　ビジネスの種や鍵はお客さまの関心や理解のレベルで、お客さまの言葉の中にしか存在しません。とすれば、よく練られた質問によってお客さまに気持ちよく話していただくことが重要です。お客さまとの会話において質問２割、お客さまの話８割。筆者はこれを「会話２：８の法則」と呼んでいます。
　ステップ１をファクトファインディング と簡単に言ってしまうこともできますが、ファクトがなにかの紙に書いてあるわけではありません。お客さまも売り手もお互いに人間ですから、お客さまの事情やそのウラにある心理的な機微、お客さまの価値観などを総合的に理解できると良いと思います。

　お客さまからうかがった話を聞いたままにしておくほどもったいないことはありません。ビジネスの種や鍵はお客さまの感覚や感情・思考の結果

として、お客さまの言葉として現れるのですから、お客さまの言葉は最も貴重な宝物です。お客さまから聞いた内容を記録し何らかの資料に構成してお客さまにご覧いただくことが重要です。これが**ステップ２「お客さまとの会話を記録し、構成する」**です。多くのビジネス現場ではこのステップ２がきちんとできていません。聞きっぱなしでは貴重な宝物を捨てていることになります。

またお客さまとの面談は物理的な時間の制約により、今回→次回という形に回が分かれるはずです。個々の面談がぶつ切りにならないように、前回の面談があったので今回の面談があり今回の面談は次回の面談のためという連続性の確保が必要です。そのためにもお客さまから聞いた内容を記録し、自分なりに簡単な資料にして次回面談時にお客さまにご覧いただくという振り返りが重要になります。売り手の基本動作といっても良いと思います。お客さまから聞いた内容を資料化してみると、次回聞きたい点やもう少し掘り下げて知りたい点などが次々と出てくるはずです。

ステップ１とステップ２は、ある程度の材料がそろうまで繰り返し行います。この繰り返し作業をしばらく続けますと、行為そのものがお客さまと売り手との時間の共有（＝歴史）という意味合いに変わってゆきます。筆者はこの繰り返し作業を「土をつくる作業」と呼んでいます。

ステップ１とステップ２の繰り返しで情報や材料がそろい始めるとお客さまの求める姿がぼんやりとした仮説として見えてきます。実現案のたたき台を用意すること、これが**ステップ３「実現案の仮説をたたき台の形にする」**です。

たたき台をつくる上では３つの重要な観点があります。
第１点目は、「なぜそのように考えたのか」という根拠（理由）が明確であることです。たたき台を考えるに至った売り手の思考の流れを順序立

てて述べることです。

　ステップ1とステップ2の繰り返し作業を行うことによりお客さまの心理的バリアが下がり、ステップ3で用意する実現案のたたき台には一定のしみじみ感が出ていて、根拠も述べやすい状態になっています。ステップ1やステップ2を省いていきなりの仮説出しではお客さまは心の準備もできていませんし、そもそも野菜を植える土壌ができていません。

　「お客さまに気付きを与える」という売り手のスタンスが論じられることがありますが、お客さまのことをよく知らない中で気付きを与えるというアプローチは不可能です。むしろお客さまの心理的な壁がたちはだかり、お客さまの心に響かない結果となる可能性が高いと感じます。

　第2点目は、実現する姿（まだ仮説ですが）の見える化とともに実現価値を示すことです。つまり仮説の実現によりお客さまが享受するであろう価値です。すでに述べたとおり実現価値＝リターンであり、それは投資と投資金額の判断に大きく影響します。

　またこの時、価値を決めるのは売り手ではなくお客さまであるということを強く意識する必要があります。ステップ1やステップ2が充分にできていれば実現する価値をお客さまの言葉で表現することができます。売り手の言葉で実現価値を表現してもお客さまになかなか響きませんので、お客さまが理解できる表現で価値を語ることが重要です。実現価値の確認とは、お客さまと一緒にお客さまにとっての実現価値を体系的に整理してゆく作業ともいえます。

　最後に第3点目です。実現案は多かれ少なかれ現状からの変化をもたらします。そこで、想定される変化がお客さまにとって許容できるものであることが重要になります。実現案のもたらす変化がお客さまにとり許容できないものであるにもかかわらず、この見極めを不充分なまま検討を進めてしまった場合には、最終的に実行不可能あるいは価値のリターンを返

すことのできない物を売ってしまうことになります。
　こうした見極めのために影響度確認などの単元をプレタスクとして切り出したご提案をすることもあります。

　実現案や実現価値を示す段階になるとお客さまに持参した手作りの資料もある程度の厚みになります。つまりお客さまと共有した時間の証です。言い換えればお客さまとの歴史ともいえます。お客さまの心情としては「ずいぶん時間を使ったので、できれば捨てたくない」というものでしょう。途中のプロセスがあったからこそ生まれてくる心情であり、これがとても大切なのです。

　「形の無いモノ」のビジネスでは、お客さまが意思決定する最終局面に実現する姿を提案書などの形で定義してお客さまに提出することが一般的です。これが**ステップ４「提案書をつくる」**です。提案書の形式をとらないプレゼン資料、図面や仕様書、模型などの形もあります。

　ステップ１から３で繰り返し確認し成長させてきた内容は、お客さまの要件や言葉で表現されたオンリーワンの内容になっているはずです。こうした内容を構成し直して提案書のような書き物にすることが自然です。
　提案書として何か新たな内容のものを作らなくてはいけないというのは売り手の思い込みです。ステップ３までのお客さまとの打合せで用いた資料の内容こそが提案書で述べるべき内容です。情報システムの提案などでは極端な話、ステップ３までで使った資料に表紙、目次、実施体制やスケジュール、プロジェクトマネジメント方法などの章立てを付け加えるだけで提案書としてご覧いただくことも可能なのです。本編でステップ１から３のプロセスと提案書の構成の関係についても述べます。

　「形の無いモノ」のビジネスにおいては、受注後の物をつくる段階になる

と価値のリターンを返すという本来の目的が忘れられて、物をつくることが目的に置き換わってしまうケースが見受けられます。お客さまにとっては投資に対するリターンが最も関心が高いのに対し、売り手は物をつくることに注力してしまうというアンバランスです。

こうしたアンバランスを防止するためにも、想定される価値のリターンを指標化しておき、物が完成した後で価値の創出度合いを見える形にするとともに、リターン向上に向けて継続的に改善できるアプローチが重要になります。

最終形が物であれサービスであれ、投資のリターンを評価する方法やプロセスにまで踏み込んで提案書に述べると一過性のおつきあいではないという売り手の意志や覚悟が見える提案書になります。

提案書は売り手にとっての作品です。お客さまにとってはオンリーワンの記念品ともなります。こうした感覚から提案書の見栄えを優先したいという売り手の心情はよくわかります。ただ提案書の見栄えも大事ですが、それよりもお客さまと共有した時間が香り立ってくるような内容となっていて実現する姿がリアリティをもっていることの方が重要ではないでしょうか。仮に筆者が客だとして、リアリティのある提案書の提示を受けた場合には間違いなくその売り手におまかせするでしょう。

提案書をお客さまに渡したら、後はお客さまに判断をゆだねることが一般的です。ただし「形の無いモノ」の投資判断をする意思決定のタイミングではお客さまの不安もピークになります。例えば「提案内容が本当に作れるのか？ 投資に対するリターンが出るのか？」といった不安です。

こうしたお客さまの不安や腹落ちの欠如が引き金になって意思決定がなかなか進まない場合や、投資そのものが白紙に戻ってしまうケースもあります。

ピークになったお客さまの不安のハードルを下げるために、提案内容をお客さまと共同で検証することがあります。これが**ステップ５「提案内容をお客さまと検証する」**です。

　お客さまの不安の最大の原因は、決断する時に目に見える物が無いという点です。そこで提案の内容を多少なりとも目に見えるようにしてイメージアップを図れる形にすることで、お客さまの不安をやわらげ納得感を上げるアプローチが大切になります。

　具体的には、提案書で述べた想定効果（効果指標）や効果の評価プロセス（指標評価プロセス）などの妥当性をお客さまと再度レビューしたり、簡単な解析モデルや模型をつくって動きを確認したりというものです。情報システムのケースでは簡単なプロトタイプを作成してお客さまとイメージを確認することも可能です。
　プロトタイプやモックアップ、模型などにより、実現する姿の可視化を行い評価する検証作業を PoC（Proof of Concept）と呼んだりもします。お客さまが決断に悩まれている時に、お客さまの背中を押してさしあげることになります。
　ただし入札形式での提案の場合には、こうしたステージをお客さまに用意していただくことは難しいと思います。その場合には PoC を単独のタスクとして切り出し、ステップ３の中で実施することをお勧めします。

　以上が本書でお伝えしたい内容です。「当たり前のことばかりではないか」とお感じになる読者がたくさんいらっしゃるかと思います。難しいことではなく至極当たり前のことばかりです。しかし意識していただきたいのは、「テクニックとして理解すること」と「全体的なプロセスの構造として理解すること」の間には大きな違いのあることです。筆者の思いは後者にあります。では本編で細かく見てゆきましょう。

コーヒーブレーク①
「鳥の目」、「蟻の目」、「時の目」

筆者が昔、上司から薫陶を得た話であり、その後実践している考え方です。

鳥の目は、鳥が空から全体を眺めるというマクロの考え方。
蟻の目は、局面を正確に直視するミクロの考え方。
時の目は、過去→現在→未来という時間の流れの中で物事をとらえる考え方です。

大雑把にいえば、物事を全体観でとらえなさい、詳細かつ正確にとらえなさい、連続する時間の流れ（文脈）の中でとらえなさい、ということです。

この考え方はゴルフに似ていると感じます。
まずホール全体を俯瞰して攻略の作戦を立て、最初の一打に集中する。1打目が上手くゆこうがゆくまいが、第2打は1打目の流れの中でその結果を受け入れ3打目のために打つ。

営業の現場で一般的に足りないのは時の目だと思います。お客さまとの良い関係は「前回があったから今回の面談があり、今回の面談は次回の面談のため」という連続性の中に生まれるからです。
つまりお客さまと時間（歴史）を共有するということ。

個々のコンタクトがブツブツと切れてしまっていてはビジネスに連続性があるとはいえませんね。
皆さんはどう思いますか？

ステップ0
売り手のスタンス定義（心の準備から）

1章　ステップ0　売り手のスタンス定義（心の準備から）

　この章では「形の無いモノ」のビジネスとは何かということと、「形の無いモノ」を売るにあたっての売り手の使命についてお話しします。ちょっと難しい言葉を使うならば売り手のバリュープロポジション、お客さまに対する姿勢や意識の立ち位置です。

　本書では「形の無いモノ」のことを、売る（お客さまが買う）段階で形が無いモノやサービスと定義しています。
　具体的には、建築や情報システム、プラント、新たなサービスやビジネスモデルの創出、業務改革支援などを想定しています。
　また「形の無いモノ」の売り手とは、営業・エンジニア・デザイナー・建築士・マーケター・コンサルタントなど、一般的にお客さまと向き合ってお客さまの希望を形にしてゆくことが役割の職種の方を想定しています。

　売り手の基本動作として、意識の半分は自分が所属する企業の利益のために、もう半分はお客さまに同化するスタンスが重要であることは言うまでもありません。つまりお客さまの立場になって考えましょう、ということです。
　しかしこれだけで充分でしょうか？　確かに売り手の目的は、最終的に自社の製品やソリューション・手法などを用いてお客さまにぴったりなモノやサービスを買っていただき利益をあげることですから、そのためにもお客さまに意識同化することは重要です。しかしこれだけでは「売る」ためのテクニックの域を出ないような気がします。つまり買い手と売り手が対峙する関係性の限界を抜け出られないと感じるのです。

　そこで「形の無いモノ」のビジネスの特徴を踏まえた上で、売り手がどのような意識をもって行動したら買い手と売り手の対峙関係を超越した存在になれるかを考えたいと思います。

1．「形の無いモノ」のビジネスでは正解が複数ある

　先に述べたように、本書では「形の無いモノ」のビジネスのことを、売る段階で形が無いモノやサービスのビジネスと定義しています。

　世の中には圧倒的な支持を受けてお客さまに受け入れられるプロダクトやサービスがあります。プロダクトでは携帯電話や車、家電製品など。サービスでは宅配サービスや通販サービス、単身者向け家具付き賃貸アパートメントなどいずれも今日では日常生活に欠かせないプロダクトやサービスとして定着しています。

　これらの目に見えるプロダクトやサービスの対極にあるのが本書のテーマである「形の無いモノ」のビジネスです。

　例えばご自分が家を建てることを想像してみましょう。分譲住宅ではなく注文住宅です。注文住宅は建てる前には現物がありません。住宅展示場に行けば自分の好みのデザインや仕上げ、設備などの嗜好がある程度はわかりますが、建主にはそれぞれの事情があります。土地の形状や法規制もそうですし、家族構成、デザインなどの好み、ライフスタイル、資金、建てる目的など、いわば固有要件の塊です。
　こうした固有要件を満たす形で建主は家を持ちたいと思うはずですが、もしかすると全部の要件は満たせないかもしれない。なぜなら相反する要件もあるからです。デザインを優先すれば機能性は若干捨てる、とかです。こうした要件の取捨選択は建主の価値観に大きく依存します。
　複数の建設会社との打合せの結果、建主の手元には建設会社から提示された数種類のパースや設計図が集まりますが、面白いことにどれ一つとっ

ても同じではありません。

　商業建築のコンペティションで、施主が同じ与件を示したにもかかわらずいろいろな提案バリエーションが発生するのも、一つには固有要件の取捨選択に起因していると思います。

　情報システムや新たなサービスの創出などでも同じことがいえます。つまりお客さまの要件を実現する形には複数の実現の姿や実現方法が存在するのです。

　端的な言い方をするならば、「正解が複数ある」「やり方も複数ある」ということです。「形の無いモノ」のビジネスでは、この正解や実現方法が複数存在するということが最大の特徴なのです。要件を満たしていればすべてが正解です。でもそれがお客さまにとってベストな解かどうかはわかりません。

お客さまにとってのベストな実現案はどれ？
実現したい要件の取捨選択や優先順位によって、実現案にはバリエーションが生まれる。

正解が複数あるので、ベストなバランスでお客さまの要件を充足する案をお客さまと一緒に考えるプロセスが不可欠になる。

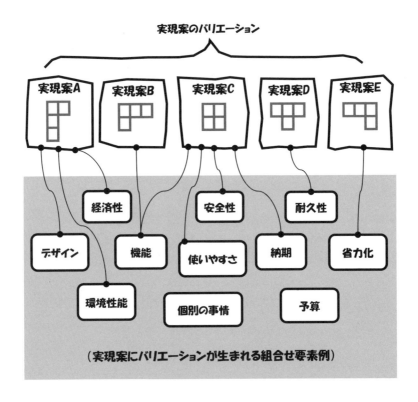

図1「形の無いモノ」のビジネスでは正解が複数ある

2．お客さまは投資をする、売り手はリターンを返す

　冒頭、売り手はお客さまに意識同化するが、それだけでは買い手と売り手の対峙関係は脱却できない、ということを述べました。

「形のある物」のビジネスでは現物がありますので、売り手には「売る」という意識がそれだけ強くなります。現物は唯一無二の商材ですから、この商材をベースにお客さまに意識同化し、お客さまの立場に立った説明をすることは有効な方法です。あるいはWeb告知などのマーケティング手法が営業の役割を肩代わりしてくれて、お客さまの側からプロダクトやサービスにアクセスがあり、同時にそれらが積極的に支持されるケースのあることも想像できます。

　しかし「形の無いモノ」のビジネスにおいてはお客さまに意識同化するだけでは不充分です。何が足りないかを考えてゆきましょう。

　まず対峙関係の逆にある概念は協調とか共同であると思います。イメージとしては買い手と売り手のベクトルが対峙するのではなく、お客さまと売り手が共通のターゲットに向けて同じ方向を向いて一緒に考えてゆくというイメージです。

　なぜこのような共同で考えるスタンスが必要かというと、売る時に現物が無い、形が無いという理由に尽きます。現物が無いので、買い手と売り手という対峙の関係では前に進めないのです。
　一緒に考えて初めてお客さまの求める解に近づくことができます。同時にお客さまの「しみじみ感」や「腹落ち」などの納得感が醸成できます。

では「形の無いモノ」のビジネスにおいて、「お客さま」と「売り手」という関係を成立させる上でのお客さまの売り手に対する期待とは何でしょうか？
　「形の無いモノ」のビジネスでは現物がありませんので、お客さまは未来を買うことになります。つまりお客さまは未来に向けた投資をすることになります。投資ですからそこには当然リターンがあるべきです。つまりそのリターンそのものがお客さまの期待なのです。
　リターンは、別の言い方をするならば、お客さまにとっての実現価値です。投資と価値のリターンがバランスして初めてビジネスが成立するという構図がご理解いただけると思います。

　前項で「形の無いモノ」のビジネスには正解が複数あるということを述べました。複数ある正解の中からベストあるいはベターな解を求めてゆく行為とは、お客さまにとっての実現価値の探索なんですね。

　価値を決めるのは売り手ではなくお客さまご自身ですから、お客さまと売り手が一緒になってお客さまにとっての価値（リターン）を定めてゆくプロセスが必要となるわけです。
　価値のリターンが大きいと想定できれば、お客さまは「良い買いモノ（投資）」と感じます。つまり投資判断がしやすくなります。

　「形の無いモノ」のビジネスにおいては、売り手は「売る」というスタンスをいったん忘れていただくことをお勧めします。お客さまからいただくお金は投資であり、それには価値のリターンが必要であることを肝に銘じていただく必要があります。つまり売り手はお客さまにとっての価値のリターナーであり、その前提として、お客さまと一緒に実現価値の最大化を考えてゆくことがミッションなのです。

1章　ステップ0　売り手のスタンス定義（心の準備から）

「形のある物」
ビジネス

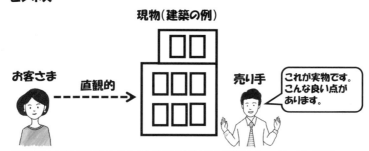

現物がある場合にはお客さまと売り手が対峙の関係であっても、売り手は
お客さまに意識同化すればよい。売り手の言葉以上に現物が語ってくれる。

「形の無いモノ」
ビジネス

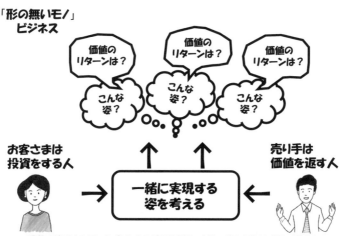

現物が無いので、お客さまと売り手が一緒に考えないと前に進めない。
一緒に考えるプロセス（＝売るプロセス）が重要になる。

図2　対峙関係　vs　共同・共創

コーヒーブレーク②
リーディングヒッターは３割打率

　イチロー選手がリーディングヒッターであったことは周知のとおりです。しかし打率５割でもなければそれ以上でもありません。

　実は営業の世界も似ているところがあります。多くの場合トップ営業の受注率は３割ぐらいです。つまり10件営業をやって３件受注できれば良いのです。

　筆者の実体験ですが、負けに負けて９連敗、営業をやめようと思いました。時の上司にお願いして飲みに連れて行ってもらい９連敗中であることを相談しました。上司は初めは真顔で筆者の相談を聞いていましたが、そのうち破顔一笑。
　「バカだな、どんな営業だって１割打者にはなれる。トップで３割だ。勝負の結果なんて神様しか知らないんだよ」
　筆者の肩の力がスーッと降りてゆくのがわかった瞬間でした。

　その後が連勝に次ぐ連勝となったか？　はご想像におまかせします。

2章

ステップ1

お客さまのこと・お客さまの
実現したいことを識る、聞く

ステップ０では「形の無いモノ」を売る時の売り手の使命や意識の軸について述べました。心の準備のようなものです。

　ここからは「形の無いモノ」を売るビジネスの、いわばメカニズムともいえる流れについてご説明したいと思います。ステップは全部で５つあります。

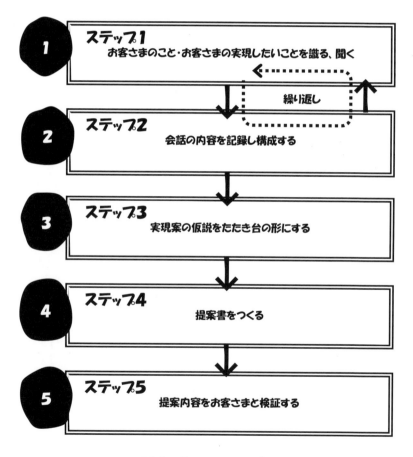

図３　５つのステップ

ステップ1はお客さまとの接点が始まり、関係を築いてゆく最初のステップです。この段階では売り手はお客さまのことやお客さまが考えていること、希望していることなどをほとんど知らないのが一般的です。

つまりおつきあいのスタートです。とはいってもおつきあいがビジネスの関係に発展するかどうかはまだ未知数です。お客さまとの関係が一過性で終わるか、あるいは継続的に会話ができる関係にまで発展するか、ということが求められるステージです。

1．売り手がお客さまについて知っていることは氷山の一角？

ステップ1の表題を「知る」ではなく「識る」としたのは、お客さまのことをちょっと知るのではなく、できれば深く識りたいという意味を込めています。「形の無いモノ」のビジネスとはお客さまの固有要件の塊であることを前に述べました。従ってこうした固有要件を深く理解することが不可欠です。

人が男女を問わず関係を創ってゆくためには、おそらく相手のことを徹底的に理解することに努めると思います。恋人やパートナーになる前には、好みや価値観などをいろいろな話題から確認しあい、また観察したりします。それも大変な集中力で……。

一般的に、ビジネスの関係でここまでの深い理解をすることはなかなか難しいことです。法人のお客さまを例にとりますと、お客さまはお客さまのビジネスのプロであり歴戦の戦士です。それに比べますと、売り手は何らかのソリューションや技術などのプロではありますが、お客さまのビジネス領域においてはもしかすると素人に毛が生えた程度かもしれません。

従って、お客さまやお客さまのお仕事に関して最初から対等ではありません。情報のハンデキャップがあると言っても過言ではないと思います。
　つまりこうした情報の不均衡の上で関係創りを開始し、最終的にビジネスを成し遂げることが必要になります。

　もうひとつ重要なことがあります。「形の無いモノ」のビジネスにおいては正解が複数あることを前に述べました。お客さま自身も正解をご存知ではなく、希望する姿はモヤモヤっとしています。さらにお客さまの固有要件を満たしてもなお、最終的な解を決める要因は多分に感覚的なお客さまの価値観や好み、思考パターンであったりします。つまりビジネスライクの域を超えてお客さまの心理面やパーソナリティの領域にまで踏み込む必要のある場合があります。

　お客さまにとってのベストな解に近づくための必要条件が、お客さま自身やお客さまのビジネス、お客さまの実現したいことを深く識ることであるといえます。
　露出している氷山の一角を見ただけでは海の下にある大きな実像を捉えられないことになり、ベストな解（勝てる解）を見出すことはなかなか困難です。

2章 ステップ1 お客さまのこと・お客さまの実現したいことを識る、聞く

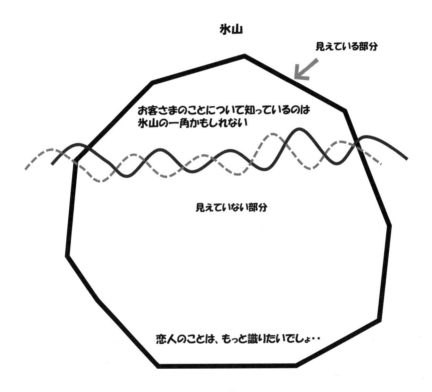

図4 氷山の一角

2.「教えてください」と言える勇気

　お客さまと売り手の接点開始時には情報の不均衡があるので、何とかこれをある程度のレベルにまで均衡させてゆく必要があります。そのためにはなるべく多くの情報をお客さまから仕入れる必要があります。つまりお客さまから話をうかがうことです。

　くどくなりますが、お客さまはお客さまのフィールドにおいてはおそらくプロ中のプロです。売り手はそのレベルまでは達していない状態で会話が始まります。
　でも売り手の心理には何とか対等に話したいという気持ちがありますので、もしかすると、本当はもっと教えてもらいたい内容があっても「知ってます」という顔をしてしまったり、深く聞いたら失礼になるのではないか？　という不安な気持ちが起きて、お客さまの本質的な固有要件にまで会話が掘り下がらない場合があるかもしれません。

　もしこのようなケースがあるとすればもったいないと思います。生半可な理解で済ませてしまったため、後で逆にお客さまに不愉快な思いをさせてしまうような事態を避けるためにも、わからない時には思い切って素直に「教えてください」とお願いすることをお勧めします。お客さまも最初から売り手がお客さま自身やお客さまのビジネスのことを詳しく知っているとは思っていませんので。

3．聞く力＝お客さまに多くを話してもらう力＝質問する力

　ここでは2つのことをご紹介します。1点目は「形の無いモノ」のビジネスにおいては、お客さまの言葉の中にしかビジネスの種や鍵が無いということ、2点目は「会話2：8の法則」です。

　まず1点目のテーマです。日本語を母国語とする日本人であれば頭の中の思考は日本語で行われているはずです。言葉はこうした思考の産物として発せられるものであると思います。
　言葉の中には論理的な部分と好き嫌いなどの感情、価値観などの心理的な側面が含まれます。お客さまの理解の深さや理解の仕方などもお客さまの言葉の端々に現れます。「形の無いモノ」のビジネスとはお客さまの固有要件を何らかの形あるものに変えてゆくプロセスですから、その時にはお客さまの言葉が唯一のビジネスの拠り所となります。

　「形の無いモノ」のビジネスでは、物事の尺度はお客さまの頭の中にしかありません。売り手の考え方や価値観はあくまでも売り手固有のものであり、絶対的な尺度にはなり得ません。

　つまり、お客さまの言葉の中にしかビジネスの種や鍵が無いのです。

　仮に何らかのソリューションをお客さまに紹介するにしても、売り手の言葉や尺度で紹介することは危険です。売り手が考えるソリューションをお客さまの言葉に置き換えて、お客さまに理解できるレベルで訴求する必要があります。

世の中で「お客さまに気付きを与える」というアプローチを耳にします。確かにビジネス素材や商材を用いて「このような考え方はいかがですか？」とお客さまに問いかけることは有効なのですが、その前にお客さまのことをよく識っていないと逆効果になりかねません。
　あまり性急に素材や商材を持ち出すと、「物売り」と受け取られてしまう可能性があります。つまり売り手と買い手の対峙の関係です。お客さまの心の準備ができていないので、せっかく紹介するビジネス素材や商材もお客さまの心の中にスーッとは入ってゆかないのです。

　逆にお客さまとの会話が充分になされたあとにこうした素材や商材をお客さまの言葉に置き換えて、かつお客さまにご理解いただけるレベルで紹介するならば、まず「物売り」という感覚では受け取られません。お客さまオンリーワンの内容としてご理解いただくことも可能なのです。

　お客さまにとってのソリューションを提示するという後ろの工程のために、「お客さまのこと・お客さまの実現したいことを識る、聞く」というステップ１のステージが必要になるわけです。
　「お客さまに気付きを与える」ことを含めて、お客さまに実現案をご覧いただく作業は、もう少し後のステージ、ステップ３で詳しくご説明します。

４．会話２：８の法則

　続きまして「会話２：８の法則」についてご紹介します。

　散見される事象として「説明することが仕事」という接客パターンがあります。観察していますと、とにかく売り手がよくしゃべる。一生懸命説明します。サッカーでいうところのフィールド支配率が非常に高いパター

ンです。しかしながらこのフィールド支配率の高さが必ずしも結果に繋がらないという事実もあります。「形の無いモノ」のビジネスにおいてはこのタイプの勝率はむしろ低下します。

　その理由は（読者の方はすでにおわかりだと思いますが）、「形の無いモノ」のビジネスでの売り手の最初のミッションはお客さまの話をよく聞き、お客さまの固有要件をなるべく多く引き出すことだからです。なぜならばお客さまの言葉の中にしかビジネスの種や鍵が無いからです。
　主役はお客さまであり売り手の役割は名脇役なのです。あるいは、売り手はお客さまの言葉を引き出す名ファシリテーターといってもよいかもしれません。

　お客さまの言葉を引き出す方法は極めてシンプルです。質問することです。聞く力というのはお客さまに多くを語ってもらう力であり、そのための質問をする力なのです。これを先ほどのフィールド支配率に置き換えると、売り手の質問が会話全体の2割、お客さまの回答が8割となります。これを「会話2：8の法則」と呼んでいます。

5．お客さまも「今」を話す時に勇気が必要

　お客さまが現状や課題を売り手に話す時には、お客さまも勇気が必要だということをご存知ですか？

　お客さまの中にはなかなか話していただけない方がいます。これには単に口が重い方であるというパーソナリティ以外の理由が想定されます。少しお客さまの気持ちになって考えてみましょう。
　お客さまが未来への投資（＝形の無いモノを買う）をする背景には「今」

に不満があることが一般的です。お客さまご自身が現状に納得できていないことが不満の原因です。筆者の経験談として家のリフォームを例に考えてみましょう。

　リフォームをしたいという漫然とした希望をもって住宅展示場に行ってはみたものの、応対してくれた担当者に今住んでいる住宅のことをあまり話したくありません。なぜかというと、今が古くて粗末なので話したくないのです。現状を話すことが恥ずかしいという気持ちがあります。

　これと同じことがビジネスの現場でも起こり得ます。一般的にお客さまが今に満足していない場合、その状況を積極的には話してもらえないものです。お客さまが責任ある立場の方であれば、なおさら現状の課題などを軽々しくは話していただけないでしょう。お客さまの心の中には、自己否定したくないという気持ちのあることも想像できます。こうしたお客さまの心情をくみ取った会話を進める必要があります。

　接点をもったお客さまのニーズが、売り手の担当しているソリューションの対象領域外のものである場合があります。情報システムのビジネスでは往々にしてこのような局面に出くわします。

　皆さんだったらどうしますか？「ビジネスにならないから体裁よく失礼しよう」と思う方もいると思います。でもそれで終わってしまったらせっかく時間をとってお話ししてくれたお客さまの時間が無駄になってしまいます。

　営業ラインこそ違えども、売り手の会社にお客さまのニーズに該当するソリューションの担当者がいるのであれば、その方に紹介してお客さまをフォローしてもらうというのがかっこいいと思います。

6．よく練られた質問はお客さまも心地よい

　さて、売り手は質問という形で会話をリードし聞き役に徹するわけですが、やみくもに質問を投げればよいということではありません。

　面談のきっかけにはいろいろなケースが考えられます。どなたかからのご紹介かもしれませんし、展示会などへのご来場がきっかけかもしれません。もしアポをいただいてから面談までに準備する時間が取れるのであれば、面談前にお客さまやお客さまのビジネスのことを少し調べる余裕があるはずです。
　とすると面談の会話の流れを自分で設計してみることが可能です。つまり質問の流れです。質問内容は、お客さまの回答を予測してさらにその次に投げる質問を考えておくという具合に連続した形で構成できるとベストです。また下調べしたお客さまやお客さまのビジネスに関する内容、関連するトピックスなどもちらりと盛り込まれているならば、お客さまの心理的ハードルを下げていただく上でも良いかと思います。

　お客さまとの会話はいきなり細かな内容について質問するのではなく、お客さまの考えていることの全体を大づかみできるような質問から始めることが一般的かと思います。まずはお客さまの考えている 4W＋1H（What、Who、Where、When＋How）を全体観としてうかがうことです。ここで重要なのは、お客さまがもっているのはモヤっとしたイメージですから、正確に教えてくださいというのはそもそも難しいということです。最初は全体観を漠と把握できれば良いのです。

　全体観がわかると、次に出てくるのが残りの W である Why です。「差

支えなければ○○と考える理由を教えていただけませんか？」というタイプの質問が続くはずです。

　実は聞き手が投げた質問に答えるために、お客さまも思考を繰り返すことになります。お客さまがあまり深く考えていなかった内容について考えるきっかけになることもあります。聞き手にとっては、このあたりからがお客さまの固有要件にかかわる内容がどんどん出てくる局面です。さすがに「お客さまの固有要件をお話しください」という直接的な質問をする売り手はいませんし、こうたずねられて答えるお客さまがいるとも思えません。「なぜなぜ」タイプの質問が自然です。

2章 ステップ1 お客さまのこと・お客さまの実現したいことを識る、聞く

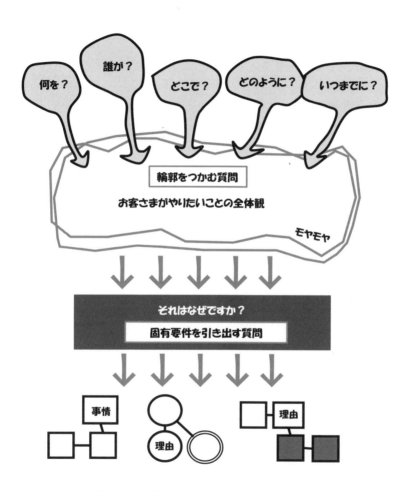

図5 質問の設計

こうした一連の質問の流れがよく練られているならば、短時間の面談であってもかなりのことがわかります。お客さまにとっても質問に答えるために思考することができ満足度が上がる場合もあります。一緒に解を考えるという営みの始まりです。

　逆に、質問が練られておらず刹那的で脈絡のないものであった場合には、お客さまの心の中に「この人は何を知りたいのだろう？　いいかげんにしてほしい」というネガティブな反応が生まれます。こうなると勝率低下どころかこれ以上は前に進めない、つまりおつきあいに能わずという結果になります。

　このあたりを少し掘り下げてみましょう。

7．質問には意図がある

　「質問する」という行為の裏には、引き出したいお客さまの回答への売り手の期待が隠れています。つまり質問の目的や意図です。売り手はお客さまのやりたいことやお客さまのビジネスをよく知らないのですから、質問の目的や意図をもって「教えてください」というわけです。

　質問の意図にはいろいろなタイプがあります。事実を確認する意図、お客さまの考えを探る意図、お客さまをある方向に誘導するための意図、お客さまの意思を引き出す意図 など……。実にさまざまです。

　売り手はこうした質問の意図を明確に意識して、会話を構成することが大切です。
　先ほどの「4W＋1H」などは、どちらかといえば事実確認なので淡々

2章 ステップ1 お客さまのこと・お客さまの実現したいことを識る、聞く

と、Why はお客さまの考え（固有要件）を探るタイプの質問ですからさりげなくスマートに、というところでしょうか。

　ここで質問されるお客さまの心理面について考えてみましょう。
　仮に皆さんが質問をされる立場であるとしてみましょう。質問に答えるためには、その質問の意図が見えた方が答えやすいと感じませんか？　脈絡のない質問を延々とされた場合どう感じますか？　不安を通り越して腹立たしくなってきませんか？

　そうなのです。質問される側は、なんとなく感じる質問の意図を通して質問者の意図を論理構成しているのです。それゆえ質問される側の論理構成が混乱すると、不安や腹立たしさが出てくるのです。
　「何を聞きたいのか、なぜ聞きたいのか」がお客さまから見てよくわかる筋道で練られていると、答える方も安心して答えられるというわけです。場合によっては、本当は話したくない内容も話しちゃった、というおまけもつきます。

　朝令暮改という言葉がありますが、一般的な傾向として人はこれを是としていません。特に日本人にとっては悪しきイメージとしてとらえる傾向があると感じます。優柔不断を戒める日本人の美徳といってもよいかと思います。人は一度言葉で発したことを後から否定するのはなかなか難しいのです。
　ビジネスの意思決定の局面では、お客さまから意思を引き出すタイプの質問が必要です。一度発した言葉を否定したくない（あるいはできない）という人間の心理を逆手にとって、意思を引き出すタイプの質問を意図的に行うことがあります。悪くいうと言質を取ったり既成観念を積み上げるということになります。これはちょっとテクニックの類ですから本書の主旨からは脱線する内容です。忘れていただいて結構です。

39

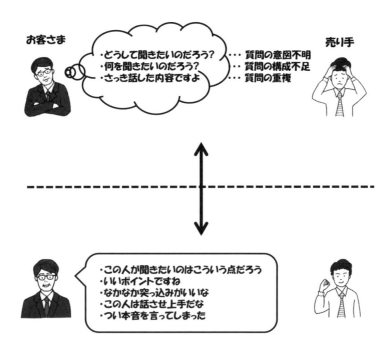

良く練られた質問はお客さまにとっても心地よい。逆に、体系立っていない質問をやみくもにされた場合、お客さまの生理的・心理的バリアが発生。

図6　よく練られた質問はお客さまも心地よい

ここまでご紹介しました質問の流れを図解しますと、次のような形になります。

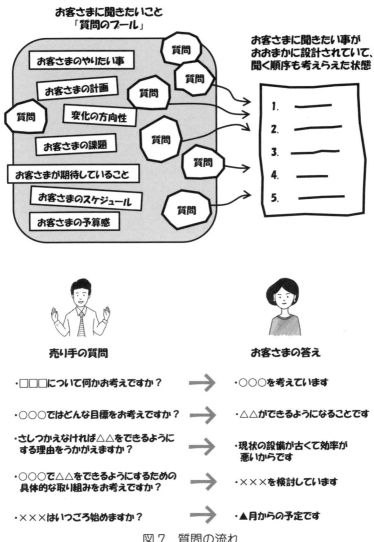

図7　質問の流れ

ここで重要なのは、質問⇒回答⇒質問⇒回答⇒質問……、という流れが前もって想定されていて、質問が上手く設計されている点です。質問があちこち飛ばないように流れを事前に想定問答しておくことが大切です。

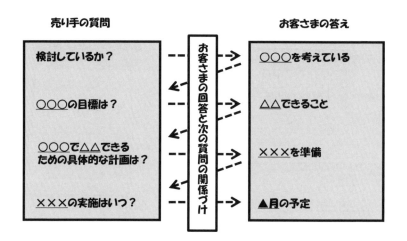

図8　お客さまの回答と次の質問の関係づけ

8．事例の上手な使い方

　一般的に、売り手は過去の成功体験やある種の型にお客さまを誘導しようとします。特に引き出しの多い経験豊富な売り手であれば、手を変え品を変えてお客さまの関心がありそうな話題を提供し、お客さまの会話を引き出す術をご存知だと思います。しかし経験の浅い売り手にはなかなか難しいことです。

　そんな時には「○○についての事例があるのですが、ご興味ありますか？」などとお客さまにたずねてみるとよいかもしれません。
　ただし事例を説明するのが目的ではなくて、事例に関連してうかがいたい内容を質問として考えておき、お客さまの考えをより多く引き出すための手段として使うことをお勧めします。事例を紹介する時には、その事例にかかわった社内の専門家を同行して説明してもらう方法もあります。役者をそろえることにより、アプローチに厚みが増します。

　筆者の経験談をご紹介します。実家のリフォームを検討した折、キッチン収納を造作でつくるかメーカー既製の収納セットを用いるかで悩んでいました。住宅雑誌やネットの画像などを見て仕様をあれこれ考えてみたものの、今ひとつピンときません。まだリフォームをお願いする会社を決める前でしたが、ある会社から「リフォーム完成見学会に来てみませんか」とお誘いを受けました。いわば事例紹介です。

　完成見学会は他所のお宅のリフォームですから当方の要件とは異なるものの、いろいろと参考になる点がありました。特にタモの集成材で造作したキッチン収納はデザインはさておき、手触りといい質感といい格別なも

のに感じました。極めて個人的な嗜好とはいえ、モヤモヤが晴れた気分でした。

　ご紹介した例のように、事例全体がお客さまの要件にぴったりとはまることは稀だと思いますが、お客さまの心の琴線にふれるものが一部でもあればお客さまの要件や求める姿を引き出す上で収穫があります。

　ベストプラクティスという用語があります。情報システムビジネスの世界では比較的よく使われます。例えばパッケージソフトをお客さまに適用するような場合に「パッケージソフトとはベストプラクティスを体現するもの」と位置づけ、パッケージソフトそのままでの利用にお客さまを誘導します。
　国の制度として決められている制度会計システムや地方自治体の法定業務などは、業務そのものに共通性がありますので、こうしたベストプラクティスアプローチは有効であろうと思います。
　ただしお客さまの業務プロセスや業務処理がお客さま独自のものであり、何がベストかがわかっていない場合には、あくまでも事例の一つとして何らかのベストプラクティスを引き合いに出すという意識が必要です。ベストプラクティスという言葉だけが先行しますとお客さまに心理的なバリアが生まれる可能性がありますので、事例という切り出し方が良さそうです。

コーヒーブレイク③
人を育てる勇気

ややこしいテーマですね。人を育てる時に勇気が必要かだって？

筆者は勇気が必要だと感じています。人間を信じて、まかせる勇気です。

営業は数字を背負っています。数字達成のためになかなか失敗を許してもらえない世の中になっていますから、いきおい若手に対して「俺の言うとおりやればいいんだ」という指示型のオペレーションになる傾向があります。

実はこの指示型オペレーションが若手の成長の芽をつんでしまっているんですね。特に若手の場合にはビジネス全体の文脈が理解できないまま、とにかく言われたことを言われたとおりにやることになりますので思考が停止した状態に陥ります。つまり指示待ち族の育成です。

若手にはうんと考えてもらわないといけない。頭と足をフル回転。これが成長ですから。

管理職は数字達成の恐怖心がありますので、経験の少ない若手にまかせるのはとても不安がありますよね。でも筆者は割り切っています。ビジネスは水ものです。鉄板と思っていたビジネスも取れない時があるのですから。まずは勝率1割をめざして若手に頑張ってもらいましょう。

負けた時には「次頑張れ」のひと言がとても大事なのではないでしょうか。

ステップ2
お客さまとの会話を記録し、構成する

さて一度の面談の中でできる質問には限りがあります。そこで2回、3回とコンタクトを重ねることになります。ただし2度目、3度目の面談において、前回までの会話内容がゼロクリアしてしまっていてはせっかくの面談も水の泡です。
　つまり、物理的に回数が分かれる個々の面談の流れが途切れないように一定の継続性を盛り込む必要があります。前回の面談があったので今日の面談があり、今日の面談は次回のためという時間の流れです。振り返りといってもよいかもしれません。

　ステップ2「お客さまとの会話を記録し、構成する」は、こうした個々の面談の連続性を確保する方法です。ではステップ2について見てゆきましょう。

1．時間の連続性を意識する

　まず、面談の継続性・連続性を確保する方法についてご紹介します。

　一般的には、売り手が面談に継続性や連続性を演出することはほとんどできていません。次からの面談設定が気まぐれ風に散発的であったり、前回面談時のやりとりがきちんと整理されていないので会話の内容が的を得ていない、あるいはお客さまからうかがった話をそのままにしておいて、次にお会いする時にはすでに記憶が色あせてしまったとか、ひどい場合には前回の面談から時間が経ったためお客さまに会いにくくなってしまったなどなど……、結局、お客さまから聞いた宝物（ビジネスの種や鍵）を捨てることになります。もったいない話です。

　もし皆さんがお客さまの立場だったらどう感じるでしょう。「時間を割

いていろいろと質問に答えてあげたのにその行為は何のためだったのか？
　何か意味があって質問したのだろ？」と腹立たしくなりませんか？　お客さまから「あの売り手は何のためにいろいろと質問したのだろう」とネガティブな印象で思われたり、「面談の後何の音沙汰もない」などと感じられてしまったらその先に進めるでしょうか？　売り手が属する企業のイメージダウンにもつながるでしょう。しかし現実にはこうしたことが横行しているのです。
「弊社はお客さまの幸せを願っています」などとは口が裂けても言えないのではないでしょうか？

　またこういうタイプの売り手もいます。お客さまにアポを取る上で何かお土産がないとお客さまに失礼になる（失礼になると思い込んでいる）がゆえに、無理やりにお客さまのやりたいことや興味にほとんど関係のないソリューションや事例をお土産と称して持参する癖ができています。おそらく時間稼ぎなどの意図があるのでしょうが、筆者には勘違いのように感じます。

　一般的にできていないことを述べてもしょうがないので、ここからは面談に継続性や連続性を確保する方法についてご紹介します。前回の面談内容をどのように整理して次回面談に臨めばお客さまと会いやすいか、についてです。

２．何をどのようにまとめて次回持参すれば、お客さまにとって心地よいか？

　売り手が次回の面談に備えてすべきことは、前回面談の内容を振り返る資料の用意＋次回の面談で聞きたい内容の整理と質問の設計です。「前回

のお話を簡単にまとめてみました」という文脈でお客さまにアポを取り、作成した資料をご覧いただくのが自然です。極めて簡単なことです。でもこれがほとんど実践できていません。おそらく多くの売り手は「振り返り」という基本動作の大切さについて指導を受けてこなかったのでしょう。売り手の基本動作は、それぞれの企業組織の中で上司や先輩から若手に受け継がれてゆきます。こうした継承が途切れてしまったのかもしれません。あるいはそもそも基本動作がなかったのかもしれません（そうだとするとちょっと残念）。

　さて次回の面談で用いる資料は、前回うかがった内容を時系列に長々と文章でつづる形式よりも、自分なりに構成してみてキーワードなどが入った箇条書きやチャート、図の形にするとお客さまにとってわかりやすい内容となります。

　お客さまの話を資料としてまとめる時に最初から抽象度を上げる必要はありません。お客さまの言い回しはお客さまの思考の結果ですので、最初はそのまま表現することがよいと思います。抽象度を上げて表現するのはステップ1と2を何回か繰り返した後からでも充分です。

　気をつける点としては、お客さまが話した順にまとめるのではなく、ある程度の論点の束に整理してみることです。こうすると重複する内容を無造作につづることを防止できますし、売り手にとっても話の論点を整理する上で役立ちます。お客さまの話の内容を一言漏らさず正確に記載するのではなく、話のポイントを箇条書きや論点の構造がわかるチャートのような形にまとめられればベストです。
　このあたりは基本動作として何回もやっているうちにこなれてきますので、まずは実行あるのみです。最初は資料の格好が悪くても気にする必要はありません。

3．真っ白なキャンバスをお客さまの言葉でうめてゆく

　お客さまとの接点開始の段階では、キャンバスは真っ白な状態です。ここに、次回お客さまにご覧いただける形でお客さまからうかがった事柄を書いてゆけばよいのです。売り手が記録するコンタクト報告や日報などもこれに類しますが、これらは社内向けですから社内報告書をお客さまに持参するわけにはゆきません。お客さまにご覧いただく目的の資料の形にすればよいのです。

　例えば注文住宅のケースではどうでしょうか？　施主になるかもしれないお客さまから初回の面談でいろいろなお話をうかがったら、その会話をもとに何か簡単なスケッチやエスキースのようなものに表現することができると思います。まだ全体観をつかめていない場合ならば、手描きの部分的なデティール描画にとどまるかもしれません。

　対象が情報システムであれば、うかがった事実やお客さまの考えなどをキーワードとした簡単な文章表現やチャートにまとめることができると思います。まだ詳細でなくても格好よくなくてもいいのです。場合によっては、整理した内容が多少間違っていたとしてもよい。次回の面談でお客さまが訂正してくれます。手作り感満載な方が最初はよいと思います。

図9 真っ白なキャンバスをお客さまの言葉でうめてゆく

またこのようにお客さまの会話を記録し自分なりに構成してみると、もっと確認したい事柄が次から次へと思い浮かびます。これが次回面談時の質問テーマです。前回の会話からの掘り下げの始まりです。

　お客さまに対して何かお土産が必要だと思うのであれば、この手作り感のある資料こそがお土産です。
　次回の面談アポをいただく時の口上は「前回うかがったお話を自分なりに整理してみました。もしよろしければご覧いただきたいのですが……」です。

　一発でアポは取れます。

　騙されたと思って一度試してみてください。お客さまの反応が楽しみです。おそらくお客さまにびっくりされると思います。なぜならばこういうことをする売り手が世の中にほとんどいないからです。お客さまの心象風景を表現するならば、「この売り手は自分の時間を大切にしてくれた。もうちょっと付き合ってあげよう」なんて感じかもしれません。

3章 ステップ2 お客さまとの会話を記録し、構成する

ステップ1 前回お客さまから聞いた内容

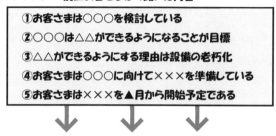

ステップ2 次回の面談時にお客さまにご覧いただけるように、うかがった内容を資料の形に構成する。

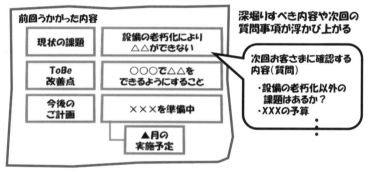

アポを取る時の口上は

「前回うかがった内容を自分なりに整理してまとめてみました。もしよろしければご覧いただきたいのですが‥」

お客さまに資料をご覧いただくと

おそらく ➡ お客さまに（良い意味で）びっくりされます

こういうことをする売り手が世の中にほとんどいないから

図10　基本動作としての振り返り作業

すでにおわかりかと思いますが、ステップ１とステップ２は同時進行でぐるぐると回ります。
　ステップ１とステップ２を繰り返し行うと、最初真っ白だったキャンバスがいろいろな事柄で埋まってゆきます。掘り下げが進んで表現する内容が深くなったり、資料のページ数が増えてゆきます。
　筆者の経験では、お客さまが最初は資料を単体（バラ資料）の形でお持ちだったものが、次にファイル綴じになり、最終的にはこちらの社名や案件名の入ったバインダー綴じになります。
　これが面談に継続性を持たせる方法です。お客さまと時間を共有し、連続的な歴史をつくるということです。

3章 ステップ2 お客さまとの会話を記録し、構成する

お客さまが最初は単体の形でお持ちだった資料は、ステップ1とステップ2の繰り返しによって厚みを増してゆき、いつしかファイル綴じやバインダー綴じに形を変える。
お客さまと時間を共有すること＝お客さまとの歴史をつくること。

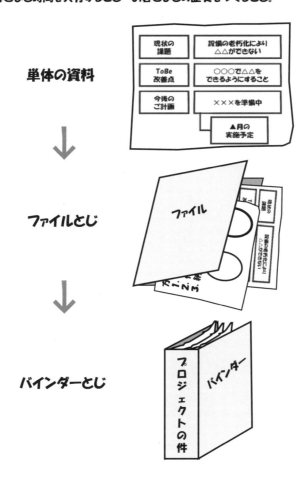

図11　お客さまとの歴史をつくる

このステップ1とステップ2の繰り返し動作に慣れてくると、個々の面談の締めくくりに、「次回は本日ご指摘のあった○○の観点で整理した資料を用意したいと思います」などの言葉が自然に出るようになります。同時にお客さまの次のアポも取ることが可能です。

　このステップ2の作業はとても大事な内容ですので、もう少しだけ紙幅を割いて見てゆきましょう。特にステップ2がステップ1と合わせてぐるぐる回ってゆくイメージをご理解いただきたいと思います。次頁に初回面談からの流れをイメージとして示します。

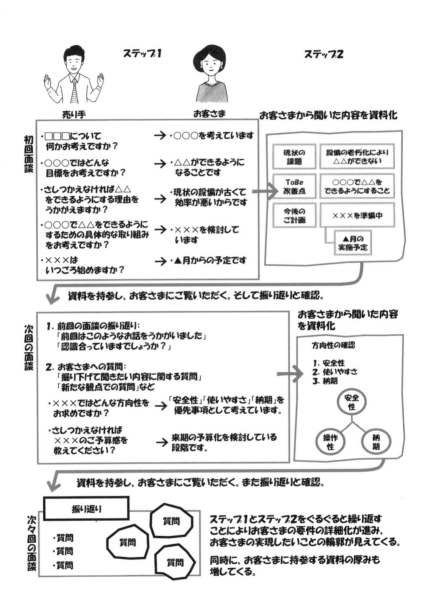

図12　ステップ1とステップ2がぐるぐる回る

前回の打合せ内容を資料にまとめ、次回の面談時にお客さまにご覧いただく作業は打合せに連続性を確保することが直接の目的ですが、それ以上に重要な意味をもちます。どのような意味があるのかをお客さまの心理面に注目してとらえ直してみましょう。

（1）お客さまの時間を大事にする。聞いたままにしない。
　　　→「この売り手は話した内容や時間を大切にしてくれる人だ」
（2）お客さま自身にとっての振り返り
　　　→「そうそう。前回こういう話をしました。では続きから」
（3）お客さまの要望や要件についての理解度
　　　→「こちらの要望を正確にとらえていてくれる」
　　　→「おおむね合っているが、少し誤解があるので訂正してあげよう」
（4）お客さまの話を再構成してみることによる深掘りや気付き
　　　→「なるほど。気が付かなかった。こういう見方もあるな。この売り手はなかなかイケてる」

　少し例題がうますぎるかもしれませんが、お客さまの売り手に対する気持ちがなんとなく理解していただけますね。
　お客さまの話を自分なりに記録・再構成、資料化して次回ご覧いただくことは、本来は売り手の基本動作といえるものです。真っ白なキャンバスを打合せのたびにお客さまの言葉でうめてゆく作業です。お客さまにとって売り手がより身近な存在になってゆくプロセスです。「形の無いモノ」のビジネスにおいては、売り手がお客さまのパートナーになるために不可欠なプロセスといえます。
　「弊社は御社のパートナーとなるべく……」という営業フレーズがありますが、きちんとしたプロセスを伴っていないととても軽く聞こえてしまいます。お客さまとの面談プロセスを積み上げた結果として初めてパートナーの状態になれるのだと思います。

4．土をつくる作業

　長くおつきあいのあるお客さまの方が、まったく新規のお客さまよりもビジネスの勝率が高いのはどうしてでしょうか？　長い間のおつきあいによってお客さまの事情がよくわかっており、提案すべき内容の勘所が把握できているからではないでしょうか？　つまり提案という野菜を植えるための土づくりが、普段からのおつきあいの中でできているのです。

　今一度「形の無いモノ」を売るビジネスにおける、今日の売り手の状況を確認してみましょう。本来は売り手の基本動作であるべき「記録し構成する」作業がほとんどなされていません。お客さまとの会話を記録し構成し直してみることにより会話の掘り下げが進み、さらにこれを繰り返すことによりお客さまが実現したいことの輪郭が見え始めます。ステップ2は売り手の基本動作であることを強く意識していただくことをお勧めします。

　仮にこうしたプロセスがきちんと積み上がらない中で買いモノをしなくてはならないとすれば、お客さまにとって不幸なことです。
　売り手の基本動作がきちんとなされていない状況を逆手にとれば、売り手がお客さまとの会話を記録し構成する行いはお客さまから見てとても新鮮で好ましいアプローチに映ります。世の中全般に当たり前のことができていないので、当たり前のことをやると新鮮に見えるというのも残念ではありますが……。

コーヒーブレイク④
受注を約束するのですか？

　ビジネスは勝つ時も負ける時もあります。どんなにやり切った感があっても、いろいろな要因で負ける時があります。やはり結果は神様しか知らないのでしょう。

　筆者は若い頃から営業部門内のレビュー会議でのやり取りを不思議に感じていました。なぜかといえば、たいていの営業レビューは自分のターゲット案件の受注計画金額をコミットするのかしないのか、というものだったからです。「この受注は約束するのか？　しないのか？」なんて上司から脅されてもなんとも言えません。決めるのはお客さまであり、自分ではないからです。せいぜい言えるのは「頑張ります」ぐらいでしょうか……。

　こうした時、心の中で「ビジネスの勝ち負けは神様しか知らないゾ」と常につぶやいていました。その結果自分が管理職になった時にはもっと意味のあるレビューのやり方にしようと考えた次第です。

　営業の勝率を考えれば普通で1割トップで3割。であれば、1割の勝率を3割に引き上げるための営業シナリオを考えてもらい、その実行を100％コミットしてもらうという方式です。人は誰でも絶対の受注は約束できませんが、自分の立てた営業シナリオを100％やり切ることは約束できます。後は個々の営業シナリオやプロセスについてアドバイスすればよいのです。

　良い営業プロセスには不思議と結果がついてくるものなんですね。

ステップ3
実現案の仮説をたたき台の形にする

ステップ2ではお客さまからうかがった内容を自分なりに構成し資料の形にして次回面談時に持参することを述べました。仮説にもとづく実現案のたたき台作成はこのステップ2の作業の延長線上にあります。ステップ1とステップ2が同時進行的に繰り返し行われるのと同様に、ステップ3もステップ2が煮詰まってきたどこかのタイミングで自然になされる行為です。

１．実現案のたたき台をつくる

　お客さまの固有要件などがある程度出揃い、売り手にとってもお客さまの実現したい姿がぼんやり見えてきた段階でやるべきことは何でしょうか？　そうですね。実現する姿を何らかの見える形にすることです。実現像のイメージ作りといってもよいでしょう。

　実現する姿のたたき台を作成してご覧いただくことの最大の目的は、これまでモヤモヤっとしていたお客さまとのやりとりの中から、まだ確証はないにせよ、実現する姿のアイデアや輪郭を見える形にしてお客さまと大きな方向性を確認することです。検討の方向が良いのか悪いのかご意見をうかがい、方針レベルの合意形成を行うことといってもよいかもしれません。

　サッカーでいうと、ステップ1やステップ2はパス回しです。これまでパスを回し続けてきて最後はシュートで終わりたい。このシュートに当たるのがステップ3です。ただし、シュートはキーパーに取られてもいいから枠に飛んでもらいたい。枠にシュートするということが重要です。たたき台の提示とはそのようなイメージです。
　一般的にステップ1やステップ2の繰り返しが不充分な段階での実現

案の提示は不毛な結果に終わる傾向があります。一本の縦パスで勝負に出ますがゴールやキーパーの位置を確認できていないため、シュートが枠を大きく外れてしまうイメージです。

　筆者の経験では、5回程度ステップ1とステップ2を繰り返したあとに実現案のたたき台をお客さまにご覧いただくと、お客さまにとって意味のあるたたき台として受けとめていただけるように思います。
　ただし、中には気の短いお客さまもいますので「早く案を持ってきて」と言われてしまうこともあります。ケースバイケースです。こうした気の短いお客さまに対しては、ステップ2の早い段階で「たたきのたたきですが……」と申し上げた上で、意見交換の材料として何らかのたたき台をご覧いただくこともあります。その場合のたたき台の位置づけは、お客さまの固有要件を引き出すための材料というものになります。

　さて、そもそも仮説やたたき台とはどんなもの？　提案書的なもの？　というご質問があろうかと思います。ここで申し上げるたたき台とはもっと簡単な内容です。
　ステップ2でお客さまの言葉を記録して自分なりに再構成して資料化し、意見交換の材料として活用することで内容を成長させてきました。この繰り返しによりお客さまにご覧いただく資料は、お客さまの要件に裏付けられたお客さまにとってオンリーワンの内容となっているはずです。

　たたき台の内容とは、このオンリーワンとなった事柄の延長線上に実現する姿のイメージを加えたものなのです。お客さまには「今までうかがった内容をもとに、実現案のたたき台をつくってみました。まだ仮説なのですがご覧いただけますか？」と申し上げるだけです。仮に自社の何らかのソリューションをベースにたたき台をご覧いただく場合でも、ステップ2の内容の延長で、かつお客さまの言葉でソリューションを論じた内容とな

るべきです。

　実現案の表現方法はビジネス対象（売る対象）によって異なりますが、一般的には文章、図、チャートや表、プレゼン資料、設計図などの形で表現されると思います。「形の無いモノ」のビジネスでは売る時点で現物が無いのですから、何らかの表現形式で実現する物やサービスを可視化することになります。
　例えば建築やプラントであれば、敷地レイアウトや各種図面、パース、CG、設備仕様、性能などの表現が一般的でしょうし、情報システムであればシステム構成、機能レイアウト、実装方式、運用方式などの多面的な角度から実現案を表現することになるでしょう。

　さて、お客さまに提示する実現案のたたき台は、それまでお客さまからうかがった内容にもとづいてお客さまの要件を整理し、要件に応える形でご覧いただくものです。お客さまから見た場合、売り手の理解度や気の利かせ方、構想力などが試される場といえます。

　実現案には売り手がどのように考えたのかがそのまま表れます。売り手の頭の中が明け透けになります。そう考えると恐ろしい気がします。会話ならば多少ピントがずれていても許容されるでしょうが、実現案は説明資料、図面、仕様書などの何らかの表現手段で提示するものなのでごまかしが効きません。表現されたものがすべてです。表現からもれている重要な観点を言葉で補おうとしても逆効果ですので最初から表現すべきです。

　実現案の表現は、それ自体からお客さまにとってのストーリーが香り立ってくる内容になっていれば文句無しです。

4章 ステップ3 実現案の仮説をたたき台の形にする

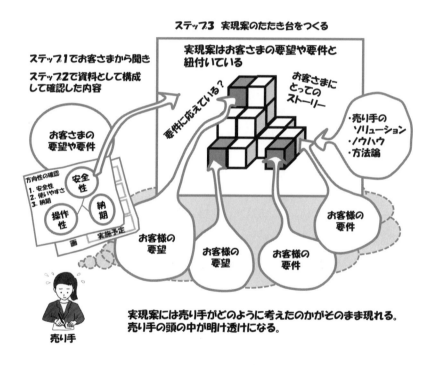

図13 実現案提示に至る構造

お客さまの要望や要件を確認する作業はステップ１やステップ２のところの話です。お客さまの要望や要件は、実現案を構想する上で唯一無二のインプットです。これらの要件に応える形で、売り手のもつソリューションや方法論、ノウハウを駆使して実現案を構想します。同時に実現案によりお客さまにリターンとして返せる価値を紐付けします。

２．実現案に必要な観点「根拠が明確か？」
　　「思考プロセスが見える形になっているか？」

　さて実現案のたたき台というと、バチッとした最終的な結論に近い内容を想像される方が多いと思います。もちろん実現案の全体像がしっかりと書かれているにこしたことはないのですが、その前に必要なことがあります。

　例題をご紹介しましょう。

　ある情報システムの構築に関するお客さまとシステム会社（売り手）の打合せに、お客さまの一員として同席させていただく機会がありました。その情報システムと関連性のある業務改革のお手伝いをしておりましたので、お客さまからの同席依頼があってのことです。
　売り手が持参したのは次期情報システムで想定される機能をマッピングしたシステム構成図でした。売り手はこれをテーブルに広げて「次期システムはこうなります」と説明を始めました。どちらかというと機能説明がほとんどです。
　初めはその日のテーマが次期情報システムの全体像に関する説明の場なのかと思っていたのですが、どうもお客さまの様子が変です。イライラし

ていることがわかりました。突然お客さまが口を開き「機能を聞きたいのではない。どういう理由でこの全体像を考えたのかを聞きたい」と売り手に迫りました。売り手はしどろもどろになり、上手く説明ができなくなってしまいました。

この例題から皆さんはどんなことを感じますか？

何らかのアウトプットは、それに至る思考があってその結果として生み出されます。そのアウトプットをもたらした考えや理由があるはずです。思考を伴っていないアウトプットがあるとすれば、それは借り物のアウトプットです。
「形の無いモノ」のビジネスでは解を生み出すプロセスが生命線ですので、何らかのアウトプットをたたき台として語る場合には思考プロセス（＝どう考えたのか、なぜそのように考えたのか）の説明が不可欠になります。

ご紹介した例では、システムの全体構成図を示したことはよいのですが、何を考えてその構成図に至ったのか、どのような思考を経たのかを説明せずにアウトプット（＝思考の結果）のみを説明したことに落とし穴がありました。考えたプロセスをお客さまにお伝えすることは基本動作ともいえます。「形のある物」を売る場合には現物がすべてですので思考プロセスを説明する必要性は低いのですが、「形の無いモノ」を売る場合には思考プロセスを説明することが不可欠となります。

たたき台を説明する時に、「いきなり結論を述べる方法」と「理由や根拠の次に結論を述べる方法」を比較すると、後者の方が圧倒的にお客さまの理解がよくなります。ただし同時に、売り手の考え（＝頭の中）も明らかにせざるを得ないので、思考のレベルがお客さまに丸見えになります。そう思うと恐ろしくもあります。

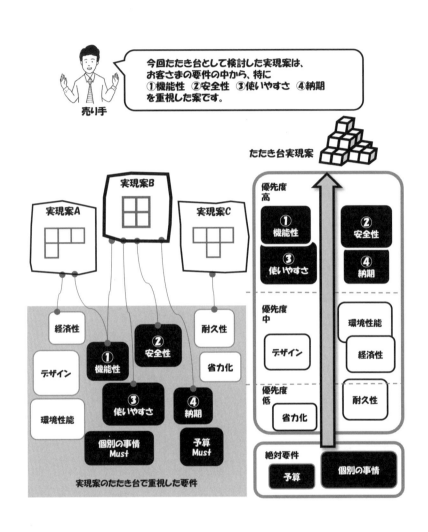

図14　実現案の根拠（理由）を説明

3．実現案に必要な観点「実現する価値」

　ここで思い出してみてください。「形の無いモノ」のビジネスにおいては、売り手はお客さまにとっての価値のリターナーでしたね。
　ステップ1とステップ2の繰り返しで、お客さまが何に最も価値を感じているか、何を一番実現したいのかなどがわかってきているはずです。そこで、次にたたき台で述べるべき重要な点は、何をどのように実現するのかを示すのと同時に、それがお客さまにどのような価値をもたらすか（＝実現価値）を述べることです。

　実現価値とはある意味、ステップ1で「聞き」ステップ2で「整理した」お客さまの要件の裏返しです。お客さまは売り手に伝えた個々の要件がどのような形で実現されるのか、また要件がどの程度充たされているのかを高い関心をもって確認します。ステップ1やステップ2とはお客さまの関心度のレベルがまったく違います。

　お客さまの関心度が上がってきますので、自社の何らかのソリューションをたたき台に組み入れるのもこのタイミングがベストだと思います。またお客さまから直接聞いていなくても想定される要件がありそうならば、「もしかするとこんなご要件もあろうかと思いまして……」と前置きして実現案に追加しておくと、「なるほど」というお客さまの反応をいただける場合もあります。このタイミングで行って初めて気付いていただけるのです。文字どおり「気付きを与える」という行為となります。

　ではまずい例も見ておきましょう。例えば、ステップ1もステップ2もある程度やったもののステップ3でお客さまにご覧いただくたたき台がス

テップ1や2の内容とかけ離れたものである場合はどうでしょうか？　おそらくお客さまの要件を裏返した価値のリターンも述べられていないと思います。お察しいただけるように、これはお客さまに当惑しか残しません。お客さまの要件がたたき台に反映されていないとすればそもそも論外ですし、それ以上に、今まで共有してきた時間が無に帰してしまうというがっがり感です。実現する姿のたたき台は、お客さまからうかがった要件と紐づいていなければいけませんし、何がどう良くなるかを示す必要があります。「実現価値をどのように表現すればよいか」については本章の後半で詳しくご紹介します。

4．実現案に必要な観点「実行できることか？」
　　できること、できないことの見極め

「根拠や思考プロセスがわかること」「実現価値がわかること」に加えて大切な観点があります。ステップ1とステップ2でお客さまの固有要件が確認できています。固有要件の中でも制約的な要件は一般的にネガティブサイドに振れます。つまり「やりたくても制約がある」という風にです。お客さまのできないことを実現案として提示しても意味がありません。つまり立派なToBe像を描いたところで実現できなければゼロと同じということです。「こんな方法で、こんな範囲であれば実現できるのではないでしょうか？」という現実的な解をお客さまは期待しているのです。

　建築を例に見てゆきましょう。一般的にはあり得ないことではあるのですが、知人が経験した実際例です。建築においては、隣地境界線や北側斜線、日照など隣接する住宅との関係やその地域の法規制、敷地の形状・高低差などを制約要件として考慮してプラン作りを進めることが常識であろうと思います。

例題はこうした制約要件の吟味が不充分なままプラン作りを進めてしまい、プランが確定していざ確認申請の段階になって「ちょっと待て」が入ったケースです。多くの時間を割いてプランの最終形に至った段階での「ちょっと待て」は大変厳しいものです。結局知人のケースでは家の形の一部を変形させることになりましたが、全体のバランスが崩れ満足感が薄れてしまったとのことです。斜めの壁ができて住空間的にも使いにくい間取りになってしまいました。
　もちろんいったんゼロクリアして、建設業者を変えるなりしてもう一度初めからやり直す方法もあったと思うのですが、数カ月を使ってプラン作りを進めてきたので精神的にも限界があったのでしょう。

　法人のビジネスでも同じことが起こります。大事な制約要件を見過ごしたり、過小評価して実現案を構想してしまったため、アイデアがかなり煮詰まってからその実現案がそもそも実行不可能なものであることがわかったというケースです。
　お客さまの「できること」「できないこと」をきちんと見極め、さまざまな制約を考慮した実現可能な案を構想することが求められています。

　同時に売り手の側の実行能力についてもきちんと見極める必要があります。自社のソリューションや技術でできないことを構想するわけにはゆきません。
　仮に実現案に売り手のチャレンジ要素を含む場合には、実現案のどの部分がチャレンジ要素なのか？　チャレンジ部分はどのような方法で実現しようと考えているか？　などをお客さまにきちんとお伝えすべきでしょう。

5．実現案に必要な観点 「許容できる変化か？」
　変えてよいもの、変えてはいけないものの見極め

　実現案を構想する時にもうひとつ重要なポイントがあります。
　実現案を実行することにより生ずるであろう現状からの変化が、お客さまにとって許容し得るものであるかどうかという点です。

　売り手が提示する案がいかなるものであれ、実現する姿には多少なりとも現状からの変化が伴います。
　お客さまのリクエストが大きな変化を求めるものであったとしても、実際にどの程度までの変化が許容されるのかの現実的な見極めが重要です。これを怠ると実行できない案を検討してしまうことになります。

　筆者の個人的なケースで例をお話しします。高齢の親が暮らす実家のリフォームに際して間取りはいじらないにせよ、設備面では多くを変えることにしました。特に変化の大きかったのはガスレンジからIHレンジへの変更です。高齢者が火を使うリスクを少なくしようと考えての変更でした。しかし結果的に高齢で視力が弱った親には許容できない変化であったことが後からわかりました。ガスレンジの機械的な操作とIHレンジでのデジタル的な操作の違いに関して目論見を誤ってしまったのです。

　これと同じことがビジネスでも起こり得ます。例えば業務改革（BPR）や情報システムの変更を例に取りますと、「従来業務を行ってきたご担当のお客さまから変化への支持がどの程度得られるか」という点は看過できない重要なポイントです。

こうした局面においては、影響度確認のようなタスクを切り出して、通常面談しているお客さまだけでなく実際の業務運営を行っているお客さまにも加わっていただき、ワークショップなどの形式による集団討議を実施することも有効です。ワークショップでは、あくまでも仮説として実現する姿の提示を行い意見を求めます。特に現状からの大きな変化が想定される内容をあらかじめ整理しておき、これらを議論のテーブルに載せて、その変化が許容され得るものかどうかを議論します。こうしたワークショップの実施によりかなりの変化点に関して許容範囲の見極めが可能になります。

　一番まずいのはこうした見極めなく実現案を推進した結果、後になってステークホルダーからの反対意見が噴出したり、極端な話、物をつくってからこんなはずではなかったとの評価になることです。つまりそもそも実行してはいけない、あるいは投資のリターンを返すことができない物を売ってしまうことになります。
　情報システムの世界では、「事故」とか「動かないコンピュータ」などの言葉で表現されますが、利用されない情報システムをつくってしまう原因の一つに、変化による影響度の目論見を誤ったことがありそうです。

　「変えてよいもの」「変えてはいけないもの」の基準はお客さまごとに異なります。変化の許容範囲も極めて個別なのです。これは「形の無いモノ」の実現する形を決める上での重要な個別要件、制約要件なのです。

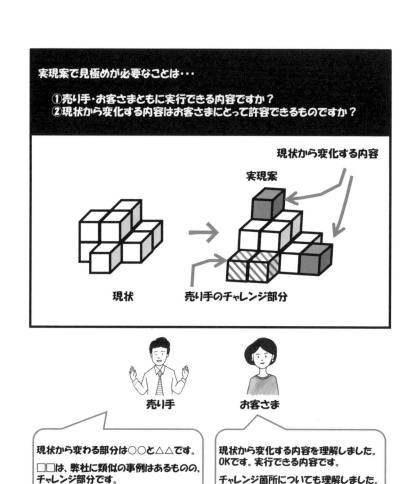

図15　実行できることか？　許容できる変化か？

6．実現案はひとつだけ？

　ちょっと振り返りますが実現案はひとつだけではないということを前に述べました。実現する価値は、「経済側 vs 安全側」「デザイン性 vs 機能性」「ToBe vs 制約」などといったバランスにより優先順位が変化します。お客さまが実現したい価値の優先順位の変化に伴い、実現案にも複数のバリエーションが生まれます。つまり正解はひとつだけではない、正解が複数存在するということです。

　とりあえず実現案をひとつ作ったので、その案にお客さまを強く誘導してゆこうというスタンスはとても危険です。もし皆さんがお客さまだとして、提示された実現案がひとつだけであり、それ以外の選択はないかのような説明をされた場合にどう感じますか？

　もしお客さまの意見を聞き出す意図で実現案のたたき台をひとつだけ提示するのであれば、たたき台であることを明確にすることが不可欠です。その場合にも忘れてはならないのは、売り手がお客さまのどの要件を重要（要件の順位づけ）と考えて実現案を構想したのか、その場合どのような実現価値（リターン）が想定されるかを説明できることです。これであれば、お客さまがよくわからない実現案に追い込まれるという不安を抱くことはありません。お客さまから見て実現案の根拠がわかるので、例えば、要件の優先順位を変えた別の実現案の検討を売り手に求めることもできるからです。

行動経済学という研究分野があります。研究では面白い実験がいろいろとなされていて、中には選択肢に関する実験もあります。人が何かを選択する時に、比較対象の有り無しによってどんな行動を取るかという実験です。この実験によれば、そもそも人間は物事を比較する性質をDNAの中に刻まれているようです。何かを判断する時に、意識の水面下で自然に「比較機能」が働く動物らしいということです。つまり比較できる対象が選択肢として提示されていると判断しやすくなるということになります。

　ただしこの人間の特性を悪用すると、わざとほどほどの内容の対案を選択肢としてつくっておいて提案内容と比較してもらえば提案内容がすこぶるよく見えるという結末にもなりそうです。ちょっと怖い話です。

7．良いなぜなぜ？　と悪いなぜなぜ？

　実現案を提示する段階になると、お客さまの心の中には投資（買いモノ）の判断をするという意識が強くなってきます。これがお客さまのなぜなぜ？　として現れてきます。

　お客さまの要件は優先順位がモヤモヤとしていて、それに伴い実現価値の順位もモヤモヤしている構造ですから、そのモヤモヤした優先度のバランスをどのように配分するかによって、実現案には複数のバリエーションが生まれます。これがお客さまのなぜなぜ？　の正体です。お客さまのなぜなぜ？　には、「良いなぜ？」と「悪いなぜ？」があります。まず「悪いなぜ？」を見てみましょう。

　ある案を考えてお客さまに提示したとします。その時、実現案の根拠が

説明できない、あるいは説明できたとしてもその根拠がお客さまにとって意味あるものとして理解されない場合にはお客さまに「なぜ？」という反応をもたらすことが想像できます。ただしこの時の「なぜ？」はひどく「悪いなぜ？」です。筆者が客だったならば、その売り手とのその後の面談は拒否するかもしれないというぐらい悪い「なぜ？」です（現実にはこうしたやりとりが横行しているように見受けられます）。

どうして「悪いなぜ？」かということはすでにおわかりだと思いますが、実現案にはそれを考えた何らかの理由（根拠）があり、その理由はお客さまの要件の想定優先順位に紐ついています。これをきちんと説明できていない実現案は、実現案の根拠をご自分で考えてくださいとお客さまに言っているようなもので、「悪いなぜ？」に行き着いてしまいます。

これに対して「良いなぜ？」は、売り手がその実現案を構想するに至った要件の優先順位が理由としてお客さまに理解でき、その結果として、観点を変えた（要件や実現価値の優先順位を変えた）実現案を売り手に求めることができる場合のことです。売り手にとっては別の案を構想するという負担が増えますが、お客さまが投資の判断をするためには3つぐらいの提案バリエーションが必要であることは当然であり、最終的にその中からひとつの案をチョイスできることがお客さまの満足度を高めることはいうまでもありません。またこれがビジネス品質にも直結するのです。

8．実現価値の体系化

売り手はお客さまにとっての価値のリターナーであり、ビジネスを成り立たせるのはお客さまの投資に対する価値のリターンです。では実現する価値をどのように考え、説明したらよいでしょうか？

お客さまの買いモノ（投資）はさまざまな要件の塊です。要件を充たす内容として売りモノが存在するのであって、特に「形の無いモノ」のビジネスにおいては要件を整理して、要件に対するソリューションとして実現する形が決定づけられます。実現する価値とはこれら要件の達成度合いともいえそうです。

　ここでやっかいなのは、お客さまの求める要件を整理すると実現する上で相反するような要件や実現する上での制約が少なからず存在することです。例として建築の場合を見てゆきましょう。

　建築にまつわる制約要件は、土地の形状や立地、法規制、施主の予算など、多岐に渡ります。こうした制約下において、施主の住まい方、空間の使い方、ライフスタイル、意匠デザイン上の好み、構造体への関心、住宅性能などさまざまな要件のバランスの中で最適解を探すことになります。この時、要件をバランスさせる上で取捨選択を求められる局面が少なからず発生します。機能とデザイン、意匠と構造、安全側と経済側など要件の中にはつきつめてゆくと相反するものが内在されており、どの要件を優先するかにより実現する姿に大きな違いが発生します。
　こうした複数のバリエーションからなる実現案は、要件を充たすものとしていずれも正解ではあるのですが、ベストがどれであるかはわかりません。

　「形の無いモノ」のビジネスにおいては正解が複数あることを前にも述べました。その原因は要件の充足度における優先順位であることがわかります。要件の優先度や取捨選択がそのまま実現する姿や実現価値の多様性につながっているのです。

さらに価値の捉え方には2種類の考え方があるように思います。1点目は「今困っているものを取り除く」、つまり現在マイナスに振れているものをゼロ以上にするという改善的な考え方です。2点目は「理想とする高みへ」、つまり実現したい理想を目標設定しそれに近づける考え方です。お客さまからうかがう要件にはこれらが混在しています。従って「○○の点に関しては現在の課題を解消することを優先し、△△の点に関してはToBeを実現できるようにしませんか？」などという形で整理して実現案のたたき台をご覧いただくと良いのではないでしょうか。

　さて、一般的にお客さまがたたき台をご覧になると「この場合は？　この場合は？」という行ったり来たりが始まります。前に触れたお客さまのなぜなぜ？　です。
　もちろん売り手はお客さまのこの行ったり来たりに誠実におつきあいするのですが、要件の取捨選択や優先順位の入れ替えによっては何十通りにもなる実現案のすべてにおつきあいすることは気力も体力ももちません。汗をかくという姿勢は示せてもあまりスマートとはいえません。

　そこで筆者は実現案のたたき台と合わせて「実現価値の体系」をお客さまにお示しすることをお勧めします。実現価値の体系とは、お客さまの要件の優先度を階層化し、ヒエラルキーにしたものです。お客さまが「何を一番実現したいか」というお客さまにとっての実現価値の優先度を階層化した仮説です。
　この階層化した価値体系そのものをお客さまと議論し、「要件」→「実現価値の体系」→「実現案の根拠」→「実現する姿」を結ぶ太い軸を造ることが極めて重要です（余談ですが、筆者の会社名「軸造」はこの「軸を造る」から名付けています）。

売り手には、お客さまのどの要件を優先して実現案を構想したのか、またその実現案がお客さまにどのような実現価値をもたらすことが想定されるかを一本の太い軸として説明できることが求められている。

お客さまは実現案に至る売り手の思考プロセスを理解でき、要件の優先度を変えた別の実現案の検討を売り手に求めることも可能になる。

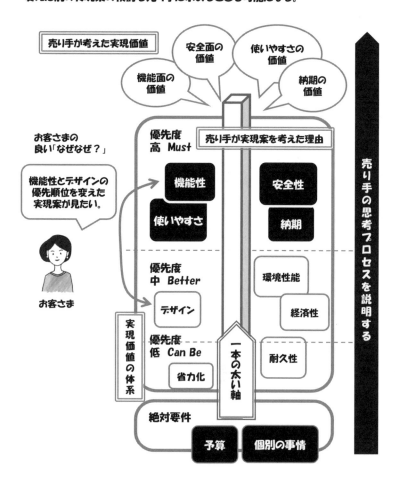

図16　実現価値の体系

お客さまの要件の何を優先し、どんな価値実現を優先するかについての説明が足りない場合、お客さまには実現案の根拠があいまいに見えます。全体的につぎはぎで、パーツを寄せ集めたように見えてしまいます。つまり軸が無い案ということです。

　繰り返しになりますが、お客さまの要件をうかがった後これらを整理し、「要件の優先度」→「実現価値の優先度」→「実現案とした理由」→「実現する姿」の流れを論理のブレなくご説明できることがお客さまの満足度を向上させ、ひいては売るプロセス、ビジネスの品質を上げる上で不可欠なのではないかと思います。こうした認識に立って、実現価値の優先度を変えた複数の実現案を選択肢として用意してお客さまにご覧いただくならば、それらは自然な形でお客さまの心に響きます。

9．実現価値をどのように表現するか？

　実現する価値は、お客さまが価値をイメージできる表現にすることが大切です。
　ステップ1とステップ2の繰り返しでお客さまの求める内容（要件）がよく聞けていて整理されていれば、ピンポイントにお客さまの要件を裏返す形で実現する価値を説明することが可能になります。売り手の説明する内容はお客さまの心の中にスーっと入ってゆきます。
　反対に一般論で価値を語ることは避けるべきです。お客さまから見て他人事に感じられ、心の扉が閉じてしまうリスクがあるからです。

　高齢者向けバリアフリーの代名詞である「手すり」を例に考えてみましょう。一般論で言えば「高齢者向けには手すりをつけましょう」なのですが、これではピンときません。例えば「○○さんのお母様は視力が弱っている

とうかがいました。特に今回設計した玄関は段差が少し大きくなっていますので、靴を着脱するこの場所に縦型の手すりをつけると転倒の心配がほとんど無くなります」と説明されたらどう感じますか？　高齢な母親の安全確保が実現したい要件の上位にある施主の場合、たぶんこの手すりの提案は採用されると思います。なぜならば、転倒の心配がほとんど無くなるという実現価値が理解できるからです。

　このようにお客さまの優先度の高い要件に対する実現の姿や想定される価値をお客さまがイメージできる形で表現することが基本です。例題で紹介した実現の姿は玄関の靴を着脱する場所に縦型の手すりをつけることでした。これにより転倒をほぼ100%に近い形で予防できる（＝リスクを減らす）という価値表現です。

　こうした価値がお金の形で表現できればわかりやすいのですが、すべての価値がお金に換算できるわけではありません。お金の代わりに時間や頻度などの定量的な物差しに置き換えて効果や価値の大きさを示すことができるならば、お客さまにリターンのイメージをつかんでもらうことが可能です。定性的な効果や価値であったとしても、何らかの間接的な指標に置き換えて見える形にすることもできます。
　どのような物差しを使うにせよ、どんな価値がどのくらい得られそうかをお客さまがイメージできる表現にすることが大切です。

　ビジネステーマが業務改革（BPR）や情報システムを用いた改革の場合、実現する価値を何らかの指標に置き換えて説明することが求められます。また設定した指標を用いてリターンを評価するプロセスについての説明も不可欠です。お客さまは指標の妥当性・網羅性、評価プロセスの実現性などを判断する

ことができます。この時注意しなければいけないことは、「改革」がお客さまの掛け声（スローガン）になっている場合があるということです。何をどう変えるかはあいまいなものの、局面を打開するために何かを変える必要があるというようなケースではまず「進むべき方向性」「方針」などをひも解く必要があります。こうした理解の上で「方策」が論じられることになります。またそもそも「改革」とは何かを変えることですので、「方策」実施により想定される変化を見える形にする必要があります。想定される変化を論じることなしに「改革」を謳うことは無責任に思えます。

　変化は「人・物・金・時間」などの経営資源に関する測定可能な何らかの指標で述べることが必要になります。個々の指標は「定量効果」「定性効果」「リスク低減」などのフレームに整理して述べるとわかりやすくなります。指標の設定方法については本書のテーマではないためこれ以上の説明は避けますが、ご興味のある方は「バランス・スコアカード」などの書籍をご覧いただけますと具体的な指標例などもご理解いただけるものと思います。

10. お客さまの投資（お金）をお客さまと一緒にマネージする

　さて、実現案のたたき台をお客さまと協議する段階になると、お客さまは値段も気になるはずです。「形の無いモノ」のビジネスでは、お客さまが払うお金は未来への投資です。投資金額がどのくらいの額になるのか、それはお客さまの予算（投資余力）の範囲におさまっているのか、投資に対する価値のリターンはどのような内容か、といったお金に絡む関心が高まります。

　実現価値の体系のところでお話ししましたが、実現案の協議とは、形の無いモノの完成時の姿を何らかの手段で説明できる形にして大枠の金額

（概算）を示し、要件や投資に対する価値見合いを査定することです。

　お客さまの投資金額（予算）が青天井ということは稀で、一般的にお客さまの投資金額には限度があります。つまり限られた予算の中でお客さまに満足いただけるリターンを生み出す必要があります。ここに「形の無いモノ」を売るビジネスの醍醐味、面白さがあると筆者は考えています。

　現物品の売り買いであればお金の絶対額が判断の材料になりますが、「形の無いモノ」のビジネスでは投資に対する価値見合いが判断の測りになります。その時の売り手のスタンスはお客さまに対峙するのではなく、お客さまと一緒に投資と価値見合いの折り合うところを見つけてゆくことになります。お客さまの投資（お金）をお客さまと一緒にマネージすると言い換えても過言ではないと思います。

　売り手とお客さまの（心の）距離感が遠ければ、とてもこのようなスタンスは無理ですが、ステップ１とステップ２の繰り返しで距離感が縮まっていますとこんな雰囲気が出てきます。

１１．やりたいことに比してお客さまの予算が足りない時

　お客さまのやりたいこと、実現したいことをすべてうかがってから概算をはじくと、一般的にお客さまの予算をはるかに超過してしまう傾向があります。もしステップ１とステップ２の中でお客さまの予算感が確認できていれば、概算額とお客さまの予算に大きな乖離が発生することをある程度は防げます。それでも少なからず予算超過が起きてしまいます。実現価値の体系はまさにこうした局面で役に立ちます。

　実現価値の体系ではお客さまの実現したい要件や価値に優先度という階層を設けます。例えば、「絶対に必要（Must）」＞「どちらかというと必

要（Better）」＞「可能であれば必要（Can Be）」という具合に優先度を設けてお客さまの要件をこのフレームにマッピングします。お客さま自身が要件の優先度を納得できれば、予算が足りない時には「Can Be」や「Better」の要件から見直すことが可能になります。

　具体的には、「Can Be」の要件を止めるか、「Better」の要件の実現グレードや方法を変えるといった方策になります。

　お客さまにとっても「Must」以外の「Can Be」や「Better」の箇所から手を入れるという安心感がありますし、何よりも要件が価格とリンクしている様が理解できるというメリットを感じてもらえます。

　さて、本章を終える前に実現案を構想する上でのポイントを今一度おさらいしておきましょう。実現案を示す上で必要なことは、インプットしたお客さまの言葉、要望、要件を明確にし、なぜそのような実現案を考えたのかという理由や思考プロセスを述べ、実現案によりお客さまにどのような利点（価値）をもたらすことができるか、どのようなリターンを返すことができるか、といった流れが一本の軸で説明できることです。簡単そうに見えますが、実際の現場では特に売り手の思考プロセスを述べることが上手くできていません。いきなり実現案の説明が始まる感じです。

　往々にして実現案は実現する形（どんな形になるか）を表現することに注力してしまいがちです。これはこれで正しいのですが、なぜそう考えたのか？　結果的にお客さまにとってどんな価値を生むのか？　という思考プロセスの説明や価値訴求が不充分です。こうした事態に陥る原因は、お客さまの投資（買いモノ）に対してリターンを返すという売り手のミッションやスタンスについての認識不足がありそうです。その結果として、（物やサービスの）形をつくることが至上目的になってしまう危険性を高めます。　お客さまの買いモノは、価値を返して初めて成り立ちます。お客さ

まの要件に対してどのように考えて実現案を導いたのか、その時の実現価値はどのようなものか、などを一本の軸として説明することで初めてお客さまの理解も深まり、ビジネスの品質も上がるといえます。

　お客さまとの合意形成は自然な形で、あるいはなりゆきでなされるとお考えの方もいるかもしれません。

「形のある物」のビジネスでは現物がありその現物をお客さまに気に入っていただくことが合意形成といえますので、お客さま自身が現物を観察したり、売り手から説明を受けることによって自然な形で合意が進むように感じます。ただし「形の無いモノ」のビジネスでは現物がありませんので、実現する姿や主要な論点を何らかの形でたたき台として提示してお客さまとすり合わせをすることが不可欠となります。こうしたすり合わせ作業そのものが合意形成プロセスといえます。

　このすり合わせにおいて重要な点は、たたき台先行型であるということです。ワークショップなどの形式でお客さまと集団協議をする場合にもたたき台が無いと話が進みません。「○○についてご意見を出してください」と言ったところで、具体的に何を意見すればよいかがお客さまに見えていなければ時間の無駄になります。「形の無いモノ」を売るプロセスに求められているのは、お客さまの言葉を引き出す資料やたたき台を売り手が率先してお客さまに提示することにより、売り手が売るプロセスそのものをリードするアプローチといえます。

コーヒーブレイク⑤
お客さまが怒っています…

お客さまが怒っています。あなたならどうしますか？

セオリーどおりに行動するのであれば、まずお詫びすることであり、次に叱責の理由をうかがうことになると思います。

人間は感情の塊ですから、たまたまお客さまの虫の居所が悪かったのかもしれませんし、こちらに非がないのにもかかわらず怒られることもあります。もちろん、こちらに非がある場合が圧倒的に多いのですが……。言い訳でもしようものなら「顔を見たくもない」とか「出入り禁止だ」などと言われることもありますから実に始末が悪いものです。

こうしたお客さまの感情が出た局面というのは、そのお客さまと売り手がその先もずっとおつきあいできるかどうかを決める決定的瞬間でもあります。

誠心誠意、全力でもってお客さまの懐に飛び込んでゆくしかない。後は神様にまかせましょう。必ずお客さまは見ています。
一生のおつきあいが生まれるかもしれませんよ。

5章

ステップ4
提案書をつくる

1．提案書は売り手の作品作り、同時にお客さまの記念品

さて、ここからは提案書をつくるステップについてお話しします。

提案書はお客さまと共有した時間を集積してでき上がる「形の無いモノ」を売るプロセスの集大成です。「形の無いモノ」を売るビジネスの中には「提案書」という書式を用いない業種のあることが想定されます。ここではお客さまにご提案する内容を何らかのドキュメント形式でまとめた資料（構想書、プレゼン資料、図面、仕様書などを含めた資料）の総称として提案書という言葉を使っています。

「形の無いモノ」を売るビジネスにおいては、売る段階と受注して物やサービスをつくった段階それぞれに売り手の作品と呼べる物やサービスが形成されます。売る段階の作品とは提案書、プレゼン資料、図面、仕様書、模型などを指します。お客さまが良いと感じたこれらの作品は、受注して実際の物やサービスがつくられた後もお客さまの手元に保管されてゆくかもしれません。

建築ビジネスの場合、受注した建築物の最終的な図面やパース、仕様書など一式を製本してお客さまに渡すことが一般的であると思います。筆者が経験した実家のリフォームの場合でも物ができ上がるまでは何度も製本された図面を眺めていました。物ができてしまうと「喉元過ぎれば……なんとやら」でいったん図面から興味は無くなりますが、それでもたまに図面を引っ張り出してきては売り手との会話を回想することもあります。こう考えてみると、提案段階の成果物はお客さまにとっては売り手と共同でつくった記念品といってもよいでしょう。

売り手も同じです。筆者の場合も過去につくった提案書をパラパラと眺

めては「下手な文章だな」というほろ苦さとともに、「この時はこんな考え方をしていたのか」という新鮮な気持ちが沸き起こることがあります。

　話が横道にそれてしまいました。まず提案書の構造を少し見ておきましょう。

２．提案書の目次とステップの関係

　一般的に提案書の前半部分には「現状整理」「弊社の理解」「現状の課題」など、お客さまの状況やお客さまの要件についての整理が記載されます。また、「ご提案の目的」「めざすべき方向性」「あるべき姿の定義」などの方針レベルでの合意事項や実現価値を示す内容も記載されます。これらの記載に続いて後半では「実現する姿」「実現方法」「想定される効果」などが述べられます。

　すでにお気付きだと思いますが、この構造はステップ１からステップ３に対応しています。実はステップ１からステップ３のプロセスは提案書の目次に紐づいているのです。ステップ１からステップ３をきちんと積み上げている場合には、お客さまとの打合せで用いた資料に表紙と目次、物をつくるスケジュールや実行体制などをつければ簡単な提案書にもなります。「形の無いモノ」を売るプロセスとは、提案書の構成を念頭に置きながらステップ１からステップ３を進めることであると言い換えることもできます。

5章 ステップ4 提案書をつくる

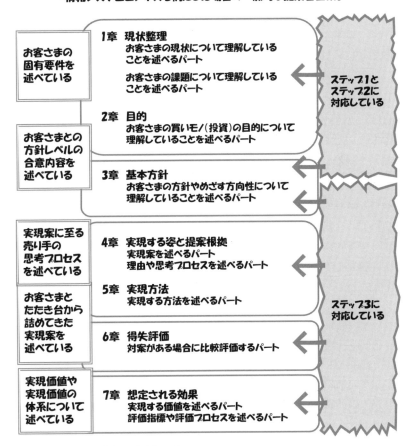

図17 提案書の目次とステップの関係

こうした提案書の構造を考えると、お客さまとの打合せ用につくった資料とはまったく別の形でお客さまが初めて見るような提案書を作成することは、その労力に比して益が乏しいのではないかと思います。むしろ危険な気もします。お客さまがこれまで見たことも聞いたこともない内容の提案書をご覧になった時には、かえって不安が増すような気がするからです。

　もちろん、それまでの打合せ資料は手垢がついているから、新たな気持ちで内容も一新して提案書をつくるという売り手の意識もわかりますが、この手垢にこそ価値があることに気付くべきです。なぜならばお客さまとの共同作業でつくった手垢だからです。

　筆者の経験でお話ししますと、お客さまとの打合せで使用して内容を充実させてきた資料のほとんどを提案書のパーツとして利用したことがあります。提案書を受け取ったお客さまから開口一番「手を抜きましたね」という言葉をいただきました。ただし同時に、「まったく知らない内容の提案書をもらっても困りますからこれで充分です。いや、むしろこれの方がありがたい」という言葉も頂戴しました。

　ステップ１からステップ３までのプロセスが不充分な場合ほど、勝てる提案書を一生懸命に作らねばいけないという意識が強くなるように思います。このようなケースでは提案書の形だけは綺麗にできていますが、仏つくって魂入れずという内容のものが多いようにも感じます。内容が的を得ていない綺麗な提案書と、的を得た打合せ資料の集合体とを比べてどちらがお客さまにとって重要かということです（もちろん、的を得た内容で丹誠な提案書がもっとも良いと思います）。

3．提案内容は肯定文で

　さて、少し違う観点から提案書の書き方を見てみましょう。提案書がお客さまにどのような印象で受け取られるかという話をします。売り手はお客さまの投資に対する価値のリターナーですので、このスタンスが提案書の全体を通して一貫しているべきであることはいうまでもありません。

　とはいえ、提案内容のすべてがお客さまにとって心地のよいものばかりではありません。お客さまに対して言いにくいことを述べる場面もあります。つまりネガティブ要素です。お客さまにとってのネガティブ要素の表現は、往々にして売り手のリスク回避がそうさせる場合が多いように感じます。お客さまにとってのリスク回避ではなく、売り手のリスク回避です。

　一般的に見受けられるケースとしては山ほど前提条件がついている提案書です。前提条件が悪いというつもりはまったくないのですが、問題は書き方です。後で裁判にでもなった場合を想定しているかのような契約書的な書き方です。「もしこの前提条件が守れなかったら結果は一切保証しません」と明言しているような書き方です。
　売り手はお客さまと裁判をやるためにビジネスをしているわけではありません。お客さまの投資に対する価値を返すためにビジネスをするのですから、まず考えるべきはお客さまと売り手それぞれにどのようなリスクが想定され、そうしたリスクを最小化するためにお客さまと協力して何をすればよいかということでしょう。
　前提条件というのは、リスクのすべてをお客さまの側に寄せるテクニックに見えてしまいますので、お客さまから見た場合ネガティブな印象となるわけです。

「本プロジェクトでは△△を行うことが前提条件となります」という表現があったとします。これを肯定文で書いたらどうなるでしょうか？「このプロジェクトには○○というリスクがあるように思いますが、リスクを最小化するために、△△を行うことがポイントです。協力して進めさせてください」というような書き方がネガティブ要素の肯定文での書き方かと思います。前提条件と同じことを言っているのですが、お客さまからの印象はまったく異なります。

ややテクニック的な話をしてしまいましたので話を戻します。

4．リターンを評価するプロセスを述べる

　くどくなりますが、売り手は価値のリターナーです。ステップ3の中で実現価値を表現する方法を述べました。売り手の売りモノが最終的に物の形であれば実現価値の摘み取りの多くはお客さまにゆだねざるを得ませんが、売りモノがサービスのようなものであれば、お客さまが享受するであろう価値を売り手自身が継続的に確認することも可能です。

　最終形が物であれサービスであれ、投資のリターンを評価する方法やプロセスにまで踏み込んで提案書に述べるスタンスが不可欠だと思います。

　一般的に価値の摘み取りはお客さまの仕事であるという風潮があります。つまり売り手は最終的な物やサービスをつくるところまでが責任範囲であり、納品後はお客さまの責任というスタンスです。交わした契約書どおりにドライに割り切れば確かにそうなのですが、パートナーの関係とは本当にそんなものなのでしょうか？

　売り手にとって都合がよい手離れの良さとは相反しますが、納品後に想

定されるお客さまの価値の摘み取りにまで気を遣うことが大切ではないかと思います。お客さまと一緒に考えた実現案が正しかったのかどうか、売り手として気になりませんか？

従って、お客さまにとっては余計なお世話かもしれませんが「提案した効果指標を確実にモニタリングしましょう」とか、「納品後にも定期的に打合せを設けてリターンの定点観測をしましょう」ということを提案書に記載していると、まず提案書の迫力が違います。一過性のおつきあいではないという売り手の意志や覚悟が見える提案書になります。

注文住宅の完成後に建設会社が定期的に施主を訪問して「どこか使いにくい点はありませんか？」などと声をかけるだけでお客さまの満足度が上がるそうです。こうしたことからも、お客さまの投資回収に対する売り手の姿勢がとても大切なことがわかります。

お客さまの投資が戦略的投資として位置づけられている場合には、価値のリターンはより厳しく評価される必要があります。なぜならば、戦略は妥当なのか？実現手段は妥当なのか？　などの見極めを早期に行い、方向転換の判断を迅速にする必要があるからです。

5．お客さまにとってのお金の見え方

ビジネスはお客さまのご予算ありきであることはいうまでもありません。お客さまの予算は実現案を構想する上でも重要な要件です。ただし、提案する内容がお客さまの予算内に入っていることを除けば、お金の多寡はどの程度重要なのでしょうか？

本来重要であるべき点は、お客さまの投資がどの程度のリターンを生むかです。お客さまにとっての最大の関心事もこの点ですので、予算枠にお

さまる中で最大の効果を生み出す提案が求められています。予算内に入っていて投資に対してきちんとリターンが生まれるのであれば、価格が安いことは最上位の価値ではないかもしれません。特に「形の無いモノ」のビジネスでは、提案する時点では完成形がありませんので物事をお金の絶対額という測りだけで見ることが困難です。売るプロセスの中でリターンの姿をつくってゆきます。

仮にお客さまの投資額（価格）の多寡を最上位の実現価値に置いた場合には、「より安く」という実現価値になります。「形のある物」ビジネスの場合は現物が確認できますのでお金の絶対額で判断するという傾向が強くなります。「形の無いモノ」のビジネスでもお客さまのやりたいことが実現できそうな形でより安くということは理想ではありますが、あくまでも売るプロセスをきちんと踏んでの場合です。

仮にお客さまが最低価格で提案された案を採用したとしましょう。ただしその提案は売るプロセスをきちんと踏んでおらず、お客さまの思い込みで、やるべきことが当然含まれていると錯覚されていたらどんなことが起こるでしょうか？　中途半端な完成物が作られたり、場合によっては裁判になるかもしれません。お客さまにとって投資の無駄もさることながら、それ以上に無駄な時間を費やす必要も起こり得ます。世に散見される「形の無いモノ」の買いモノにかかわる失敗の多くは、もしかすると「売る」「買う」プロセスをきちんと踏まずに、形のある物を買うのと同じ感覚でもって最低価格方式で提案やパートナーの選択を行った結果かもしれません。

政府系機関や地方自治体などによる調達（入札）方式には総合評価（提案）方式と最低価格方式があります。一般的な傾向として最低価格方式を採用する

調達案件が多いように見受けられます。総合評価（提案）方式は文字どおりより広範囲な観点からの提案を求めるものであるものの、調達サイドが提案者の意図や提案内容を評価する明確な判断基準を用意することが困難なため、結果として最低価格方式にならざるを得ないことが多いようです。

ただしここには弊害も内在されています。特に「形の無いモノ」の典型である情報システムや建築などの調達では、最低価格方式では実現する姿を共同で構想するプロセスが不充分となり、それこそ中途半端なものができ上がることにつながりかねないからです。

コーヒーブレイク⑥
営業は考える足？

一般的にトップ営業といわれる人達には、自分で営業シナリオを描きコツコツと堅実に実行しているタイプの方が多いようです。人当たりが良いとか明るい、あるいは地味といったパーソナリティは二次的要素のようです。

筆者が思うに、こうしたコツコツタイプの行動原理は、おそらく自分で描いたシナリオがバッチリ上手くいった喜びを味わった経験がそうさせているのだと思います。

営業シナリオはそれ自体が仮説でしかないのですが、今の時代、正解も複数あって一つではないので、営業仮説を実証するのが営業の行動力である足となるわけです。

考える力と行動する力、だから「考える足」なんですね。

6章

ステップ5
提案内容をお客さまと検証する

さて、ステップ4のタイミングになるとお客さまの関心度合いもピークになります。その理由は、投資の意思決定（買いモノ）をする意識がお客さまの中で最高に高まるからです。意思決定を行う段階が近づいていることを意識するからに他なりません。

　お客さまの心の中をのぞいてみたくなりますが、おそらく不安もいっぱいなのではないでしょうか？　お客さまにとっては、提案された内容をきちんとした完成物に仕上げてもらうことも重要ですが、それ以上にその完成された物やサービスから想定されたリターンが得られることが最大の期待です。そこでリターン（実現価値）の評価といった完成納品後に想定される価値創出ステージが重要になります。そのためにも、提案書にリターンを確認するための評価指標や評価プロセスをきちんと述べることの重要性を前の章で触れました。

　提案書の提示を受け、意思決定に向けて多少なりとも不安を感じているお客さまの背中を押してさしあげる作業がステップ5「提案内容をお客さまと検証する」です。

1．意思決定するタイミングでのお客さまの不安

　仮に複数社から提案を受けているお客さまがいるとしましょう。この時のお客さまの気持ちとしては、提案を依頼したからには最終的にどこか1社に決めなければいけないという切迫したものでしょう。
　とはいえ、完成物が無い中で決断しなければならないので不安も相当なものだと思います。お客さまが決断をする時には少なからずエネルギーを使うことが想像できます。

中には確証が得られない（腹落ちしない）ので投資そのものを取りやめる、つまり白紙に戻すというお客さまもいます。

　提案書を提出しプレゼンを終えたら、売り手はその後をお客さまにゆだねることが一般的です。提出後にお客さまを訪問して「ご不明の点があれば何なりとお申しつけください」と伝えることが精一杯です。ですが、それ以外に何か売り手からアクションできることはないでしょうか？

　決断にあたって起こるお客さまの不安の原因は決める時に現物が無いことです。形が見えない、イメージがつかめないと言い換えることもできます。とすれば、少しでも形が見えるようにしてみたらどうでしょうか？ 多少なりとも形が見える状態にすることでお客さまの不安が少なくなるのであれば、お客さまの背中を押してさしあげることにつながります。

　提案内容を見える形にするアプローチにはいろいろな方法があります。完成後に想定される価値創出プロセスをお客さまとレビューしてみるのもひとつの方法ですし、モデルをつくって干渉やウォークスルーなどの動きを確認してみるという方法、模型で動線を確認する方法……、いろいろな工夫ができそうです。情報システムのケースでは簡単なプロトタイプをつくって、お客さまと共同でイメージアップを図ることもできます。

　モックアップや模型、モデリング、プロトタイプなどを用いた検証作業自体が Proof of Concept (PoC) と呼ばれることもあります。実現する姿を目に見える形にするという行為です。

　お客さまが決断しかねているように見受けられる場合には、「提案内容を一緒に検証させていただけませんか？　簡単な PoC をやらせていただけませんか？」という売り手のアプローチが歓迎される場合があります。

筆者の経験談をご紹介します。業務アプリケーションの更新に係る情報システムビジネスのケースです。

　提案書を提出し終えてその後をお客さまの判断にゆだねたものの、なかなかお客さまの意思決定に至らない案件がありました。お客さまは相当悩んでいる様子に見えましたのでPoCの必要性を直感しました。
　しかしPoCを持ち出すことは、投資判断をひとまず脇に置いて提案前の状態に話を戻すことになります。かなりの労力をかけてチームで提案書をつくってきましたから、このまま突っ走ってお客さまの判断を待ちたいのが売り手としての本音です。PoCにはお客さまの投資判断を一時凍結するという副作用もあるからです。

　ただ同時に、お客さまが決断に悩んでいるということはこちらの提案内容が足りなかった、お客さまのイメージアップを図る努力が足りなかったのだろうという反省にもつながります。そこでプロトタイピングによるPoCの実施を追加提案することにしました。

　案の定、投資は白紙に戻ってしまいました。その代わり短期間のPoCプロジェクトを有償でやらせていただけることになりました。
　PoCを受注するということは競合他社が排除されて、ひとまず当社唯一（Exclusive）の状態になることを意味します。PoCが上手くいった場合には投資が再度検討され、その時には受注確度が限りなく高くなるといってもよいでしょう。「急がば回れ」の心境です。このケースではプロトタイプをお客さまと共同で確認することによりお客さまの納得感を得ることができ、その後再検討された投資を受注することもできました。

　ここまでは提案書提出後にお客さまの背中を押してさしあげる目的での

PoCをご紹介してきましたが、そもそも実現案をお客さまと検証する作業はステップ3の中で実施した方がよいともいえます。実際にステップ3の中でタスクを切り出してPoCを実施する場合もあります。

　ただし、実現案の検討というステップ3の段階と提案書を吟味するステップ5の段階ではお客さまの本気度や不安のレベルが違います。ステップ5の段階は意思決定するタイミングに近いため、ステップ3よりもはるかにお客さまの不安が大きくなっています。お客さまの真剣度が違うといってもよいかと思います。がゆえに、PoCのような助け舟にお客さまも乗りやすくなるわけです。

２．お客さまの意識の動き

　ここでお客さまの意識の動きについてふれておきたいと思います。実際に測定したことはありませんのであくまでも観念的な話ですが、「形の無いモノ」を買う場合、ステップごとにお客さまの意識や関心の度合いが変化することが想定されます。

　例えば情報システムビジネスの場合、提案書をつくる段階に近づくにつれてお客さまの意識も徐々に高まってゆきます。そしてシステムづくりのパートナーを決める意思決定の段階で最初の高い山ができます。選んだパートナーがシステムをつくっている期間はお客さまの意識や関心はいったん下がりますが、システムの完成前後に再び関心が高まってゆき、次の山ができる傾向が見てとれます。２番目の山は、完成されたシステムによる価値創出（リターンの刈り取り）のステージを強く意識するからであると思います。ビジネスの対象が建築の場合にも、お客さまの意識は比較的情報システムビジネスに近い動きをするように思えます。

6章 ステップ5 提案内容をお客さまと検証する

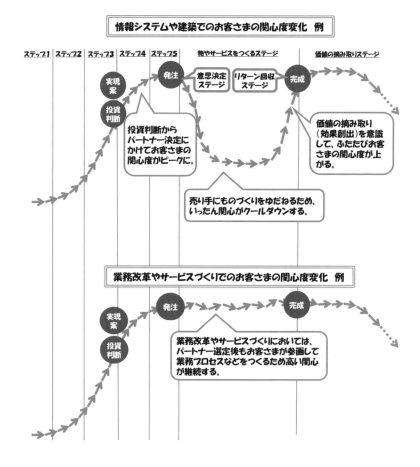

図18 お客さまの関心度の変化

情報システムや建築がビジネスの対象の場合には、物をつくる作業は請負契約の形で売り手にゆだねることが一般的です。売り手が物をつくっている期間もお客さまは一定の関心を保っていますが、自ら手を出すわけではありませんので売り手にまかせるしかありません。お客さまの気持ちの中には、「約束期限どおりにつくられるのか？」「取り決めた姿がきちんと完成するのか？」といった若干の不安感はあるとはいえ、物づくりのプロにまかせたのですからひとまず関心度合いは下がります。これが物づくりの最中にいったんお客さまの意識の高まりがクールダウンされる部分です。

　ビジネス対象が業務改革や新たなサービスづくりなどの場合、発注するパートナーを決める局面でいったん山を迎えたその後も、新たな業務プロセスやサービスの完成段階まで引き続き高い関心度合いが維持されます。
　これはパートナー決定後にも、お客さまの参画を得て共同でお客さまの業務をつくってゆく必要性からきていると思います。

　いずれにせよ、「形の無いモノ」を売るビジネスでは意思決定とリターン回収の２つのタイミングはお客さまの意識がとても高い状態であることが想定されます。

　ここからはまったく文脈に関係の無い話題です。情報システム構築や建築工事などは請負契約で実施することが一般的です。請負契約とは期間と請負金額を定めたFIX方式です。ここでFIX方式とプロジェクト管理の関係を見てみましょう。
　プロジェクト管理とは概してスケジュール遅延や品質低下などのリスクを最小化する手法と理解されています。お客さまから示された与件としての工期が

短い場合にはスケジュール遵守は生命線になりますが、一般的にスケジュールは最終納期から逆算して余裕や遅延リスクを考慮した形で計画しますので、本来であればスケジュール遵守というよりもスケジュール前倒しが可能なはずです。

情報システムや建築ではエンジニアや職方はスケジュールに紐付けて工数として山積みすることが一般的です。つまりスケジュールが遅延すると工数が増えます。逆にスケジュールが前倒しになった場合には積んでいた工数が減る可能性があります。これが FIX 方式で利益を生み出すための原理です。

実際の現場ではどうでしょうか。一般的には「プロジェクト管理＝計画どおりにプロジェクトを実施すること」と誤解されているように思います。つまり最初に引いたスケジュールどおりに仕事をすることがプロジェクト管理者の美徳になっているように思えてなりません。請負契約では仕事を納期以前に終えることが利益の源泉です。約束納期以前に仕事を終えるというインセンティブをもつことにより、結果的に納期遅延のリスクも最小化されます。

筆者が関与した海外企業のプロジェクトではスケジュール前倒し努力により完成が早まったことをうけ、お客さまのプロジェクト担当者に特別ボーナスが支給されたことがありました。日本のプロジェクトでもこうしたインセンティブがあるとよいと思います。

3．価格交渉（ネゴ）があるお客さまの場合

　法人のお客さまの中には調達部門が最終的な価格の交渉権限をもっている場合があります。「形の無いモノ」を売るプロセスの最初からこうした調達部門が関与することは稀で、実現する形や仕様を定義した提案書の提示後などの段階で価格ネゴが開始されることが一般的です。

　売るプロセスの終盤になってから調達部門とのおつきあいが開始されますので、調達部門の方はそれまで積み上げたプロセスについては知りませ

ん。調達部門の使命は買いモノの品質を落とさずに少しでも安く調達することですから、どうしても金額や値引きの多寡が論点の中心になります。

ただし、「形の無いモノ」のビジネスでは、お客さまが買いモノをする段階で現物がありませんので、現物のある物品の調達とは異なり比較の対象がありません。つまり売り手には、提示額の根拠を含めてその提示額に至った理由を調達部門の方にきちんと説明して理解していただくことが求められます。

面倒くさいかもしれませんが、なぜ提示の金額になったのか、実現価値は何なのかを原点に戻った気持ちで丁寧に説明すべきだと思います。

調達部門の方は提示額を構成する資材や人件費などの単価（原単位）を切り口にして交渉してくるかもしれません。売り手は価値のリターンを返すために必要不可欠な単価であることを示して切り返すことになります。「当社で決められた単価です」と言ったところで意味を成しません。あくまで単価は実現価値見合いなのです。

想定されるリターンを減らしてまで価格を下げることは調達部門のミッションではありませんので、やはりここでも売り手が調達部門と対峙するのではなく、お客さまのお金を一緒にマネージする、お客さまの投資対効果を最大化できるように方策を共同で考えてゆくスタンスが必要です。

どうしても価格が調達部門のターゲット価格にはまらない場合には、実現価値のどこかの優先度を下げる（仕様やグレードを下げる）などして折り合いをつける進め方が基本だと思います。

また競合相手がいて、競合先との価格差を切り口に交渉される場合もあります。こうした場合、その競合先がどのような提案をしているのかを調

達部門やこれまで打合せを進めてきたお客さまからうかがい確認することになります。

　かなりハードな価格交渉があった場合、売り手はそのビジネスをあきらめるか、それともさらに踏み込んで値引きするかといった経営判断をすることになりますが、きちんとした売るプロセスを踏んだお客さまの場合、それまで打合せを進めてきた部門のお客さまから助け舟を出してくれる可能性があります。つまりお客さまの中の買いモノを使う部門、調達部門、そして売り手のそれぞれが合意できるレベルへと導いてくれるヒントをいただける場合があります。あくまでもきちんとした売るプロセスがあってこその話ですが……。

4．本書のまとめ

　ここまで「形の無いモノ」を売るプロセスの構造に着目してお話ししてきました。お客さまとの接点ができてから売り手とお客さまの関係が構築されてゆき最終的にパートナーとして選ばれるまでのプロセスの流れです。「形の無いモノ」を売るビジネスではお客さまと一朝一夕でパートナーの関係になることはまずあり得ません。プロセスの積み上げがあって初めてこうした関係が実現できます。プロセスを積み上げる時の原理原則は前のプロセスが次のプロセスのインプットとなることです。従って形式的にプロセスを実行するのではなく、個々のプロセスを充実させる必要があります。

　世の中にはコンサル的な営業スタイルを奨励する声がありますが、「形の無いモノ」を売るビジネスではどのような売り手であれ、意識せずともおのずからコンサル的な売り方になります。そうしないと売りモノが定ま

らず物が売れないからです。つまりこれらのプロセスはコンサル的な営業スタイルを云々する以前に、「形の無いモノ」を売る時にたどることが運命づけられた構造的なものなのです。

　ステップ1からステップ5までのプロセスの流れを確認しておきましょう。

　ステップ1はお客さまの言葉の中にあるビジネスの種や鍵をより多く引き出し、ステップ2ではこれらの言葉をお客さまと振り返りができる形の資料にすることでした。ステップ1と2はお客さまの実現したいことの輪郭が浮かび上がるまで繰り返し行います。ステップ3は売り手が理解したお客さまの要件にもとづいて実現案のたたき台をつくることでした。この時の重要な点には、「売り手の思考プロセスを述べる」、「お客さまにとってのリターン（実現価値）を述べる」、「お客さまと売り手の双方が実行できることかを確認する」、「お客さまにとって許容される変化であるかを確認する」といったポイントがありましたね。
　実現案の方向性が方針レベルでお客さまと合意できた後には、ステップ4として提案書をつくり、ステップ5でその内容をお客さまと確認するという構造でした。

　すべてがすべて流れどおりに上手く運ぶわけではありませんが、おおむねこの流れを意識していただければお客さまも売り手も充実したビジネスになるはずです。

6章 ステップ5 提案内容をお客さまと検証する

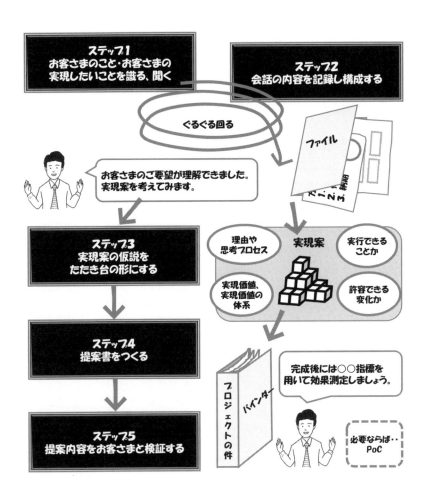

図19 プロセスの流れ まとめ

109

お客さまはこの図式にはまると検討の途中で投げ出すわけにはいきません。同時に、売り手に買いモノをコントロールされているという気配を感じて、お客さまが多少窮屈な思いをされる場合がありますので、そこは売り手が気を配ってお客さまの心理的な圧迫感を取り除くことも重要です。
　逆に売り手の側からすると、ステップ1からステップ5に続くプロセスはお客さまを逃がさない術にもなります。

　プロセス全体に共通する点は、売り手の側から検討の進め方や資料（たたき台）を率先してお客さまに示すことです。お客さまから言われてやるのではなく、売り手の側から先手先手でたたき台を出すことになります。この基本動作やスタンスは「形の無いモノ」を売るプロセスを売り手がコントロールできるという利点があります。こうしたやり方をした場合、お客さまにとって売り手が頼もしい存在に見えるか、単なるうるさい人に見えるかのいずれかでしょう。筆者の経験では、前者のとらえられ方が圧倒的に多いように感じます。

「コーヒーブレイク⑦」
「有難うございます」を素直に言えていますか？

お客さまと売り手の関係の中で一番うれしい時は……もちろん、「頼んだよ」とお仕事をいただいた時だと思います。天にも舞い立つような一瞬ですよね。

ところで、お客さまはどんな心境で発注意思を売り手に伝えるのでしょうか？

注文をいただく仕事には、金額の大きいものも小さいものもあります。もしかすると、継続的に発注いただけるような契約更新型の仕事もあるかもしれません。金額が小さかったり継続的な注文などは営業が慣れっこになってしまっていて、もしかすると気持ちの中で注文をいただくことのありがたみが薄れてきてしまっているかもしれません。
でもお客さまは見ています。発注を告げた時の売り手の反応を。売り手の心の底から発せられる「有難うございます」の一言を。

おそらく、発注を告げた時のお客さまの心象風景はこんな感じでしょうか。「(発注を告げて)感謝された。彼／彼女（の会社）を選んで間違いはなかった。次の案件でも頑張ってもらいたい……」

くれぐれも「有難うございます」の言葉を差し置いて、「契約手続きはこうなります……」などという事務的な反応をしないでくださいね。

あとがき

　ここまでおつきあいいただき有難うございました。

　少しおさらいしておきましょう。
　「形の無いモノ」のビジネスにおいては、お客さまの買いモノは未来への投資であって、売り手はその投資に対する価値のリターンを提供することが使命です。投資と価値のリターンがバランスして初めてビジネスが意味を成すという基本原則があります。ただし「形の無いモノ」は売る時に現物が無く、また実現する姿（解）が複数存在することが最大の特徴ですから、売り手は実現案や価値をいろいろな角度からお客さまに示し、お客さまの投資に対しての価値見合いを確認する作業が不可欠となるわけです。
　費用は重要な要素でありますが、お客さまの予算枠を除けば価格が絶対的な価値かというとそうでもありません。お客さまから見て、投資額に比してリターンが大きいと感じられる場合には「良い買いモノ」という心理的な判断が働きます。場合によっては予算を増やしていただける場合もあります。つまり価格勝負という構図から離れたポジションでビジネスを行うことが可能になります。

　ビジネスは「人間」という複雑な存在が営むものですから、「絶対」という言葉があてはまりません。「ビジネスの成否は神様しか知らない」というのが現実的です。とはいえ、売るプロセスの品質をよくする努力をすれば、ビジネスが成功する確度も上がるだろうというのも一理あります。これは営業部門の社内レビューなどにも同じことがいえます。受注金額などの数字は結果指標です。結果指標である数字に対して上司からコミットメントを求められても、ビジネスの成否はある意味神様しか知らないわけですから絶対に売れるという確証はありません。担当営業としては返答に詰まります。
　しかし、良い結果に近づくためのプロセスに対するコミットメントであればまったく意味合いが違います。なぜなら、自分で決めた営業プロセス

を100%やり切ることは約束できるからです。この結果、受注確度が高まるかもしれません。

　筆者はこれまでのビジネス人生を営業として、その後コンサルタントとして過ごしてきました。こうした経験が本書を書く動機となり、本書で述べた内容に影響していることは間違いないと思います。しかしコンサルタントという職業でなければ本書に述べたプロセスを実践できないのかというとそれは違います。コンサルティング会社や企業のコンサルティング部門に在籍していて、名刺の肩書きにコンサルタントと書かれていればこうした売り方ができるわけでもありません。「形の無いモノ」を売ることにおいては、職業や職種は関係ありません。年齢や経験を問わず、営業・エンジニア・建築士・デザイナー・コンサルタントなど、お客さまと向き合って第一線で活躍しているすべての方に必要な基本動作ではないかと思うのです。

　「売る」プロセスの品質を上げること、これが本書でお伝えしたいすべてです。理由はおわかりですね。売るプロセスの品質を上げることが、イコール、受注確度やビジネス品質の向上につながるからです。その結果、日本中がよく考えられた物であふれるのではないかと思うのです。

　こんな思いで本書を書きました。

　共感いただける小さな断片でもあれば、それは筆者にとって大きな幸せです。これからも引き続き筆者も切磋琢磨してゆきたいと思います。

　皆さまの幸せを祈って。

コーヒーブレイク⑧
お客さまは名プレイヤー

齢を重ねてわかってきたことがあります。

管理職たる者、時に心はそうでなくてもブスッとしていなくてはならないものだと。勿論、本当に心穏やかでなくて厳しい表情をしている時もありますが……。

筆者もそうでしたが、特に若手の営業がお客さまの役員や管理職にお時間をいただく時などは本当に緊張しますよね。

なんといっても、相手はお客さまの仕事のプロ中のプロです。こちらは外部の人間ですから、お客さまの仕事に関してははるかに格下です。例えで言えば、お客さまは野球のメジャーリーガー級です。こちらは草野球レベル。

そんな感じでレベルが違うのに加えて、管理職という重い責任のよろいを着けていらっしゃる。でもビジネスは生身の人間どうしの営みですから、営業はお客さまの懐に飛び込んでゆくんですね。

筆者が米国で駐在員をやっていた時に、日本から渡米されるお客さまのエグゼクティブの方々とおつきあいさせていただく機会がありました。一介の駐在員ですから、お客さまも端からこちらをお客さまのお仕事に関するプロなどとは思っていません。

でも逆に、とてもフランクにいろいろなお話をしていただけるんですね。素の人間としてのおつきあいというか……。

直感的に「この方は日本ではとてもエライ方なんだろうな……」と感じていましたが、日本からお客さまに随行してくる担当営業が口々に言うことには、「こんなに明るいお客さまは見たことがない。とても満足していただい

ている」と。

　筆者は心の中で思います。「そりゃそうですよ。お客さまは日本では野球場というフィールドのメジャーリーガー級ですが、ここはアメリカというフットボール競技場ですから、メジャーリーガーもフットボールでは普通の人です」。

付録

本書で述べた売り方のプロセスに取り組んでみようとお考えの皆さまに、ちょっとしたセルフトレーニングのアドバイスをさせていただきます。

ステップ1 「新聞記事を使ったトレーニング」

　法人向けのビジネスでは経済紙や業界紙にお客さまの記事が出ることがあると思います。こうした記事を活用したトレーニングをしてみましょう。ここでは新しい事業や地域への進出、事業提携・買収、新製品開発などのポジティブな記事内容を使います。売り手がターゲットにしているお客さまや業界でなくともよいと思います。まず記事をいくつか選択してください。

　一つの記事を読んでから、ご自分がその記事の会社を担当する売り手であったならばその記事をもとにどんな会話をお客さまとしてみたいかを考えてください。この時ステップ1でお話ししたことを思い出していただき、質問→お客さまの回答を予想→次の質問、と会話を深めてゆく形で構造化された質問を5つぐらい考えてください。

　いろいろなタイプの記事でこれを繰り返してみると、そのうち慣れてきて記事を読んだだけで反射的に質問が浮かんでくるようになります。この訓練は、お客さまとの実際の会話の中で突然出てくるビジネスの種に敏感に反応するためにも有効です。例えば次のような新聞記事を目にしたと仮定して、ご参考までに質問例を載せておきます。

新聞記事の例

```
△△工業　ベトナムにEV向け生産拠点
　自動車部品大手の△△工業(本社東京)はベトナム電子(本社ハノイ)と現地合弁企業を設立することを発表した。
　△△工業の主要な取引先である○○自動車のEV増産計画に対応したもので、これにより△△工業の海外生産拠点は南米、北米、インドに次ぐ4拠点目となる。
　EV向けパーツは世界的に標準化が進展しており、早期の拠点確立による市場シェア確保をねらうものとみられる。
　△△工業のEV向けパーツは多車種に対応しており、系列を超えた海外自動車メーカへの供給も視野に入る。△△工業の海外生産比率は45％前後となる見通し
```

考えてみた質問の例

何人規模の工場になりますか？ 工場は新規建設ですか？それとも既存の工場を買いますか？	→	工場のファシリティに関する質問
研究開発や設計・試作も現地で行いますか？ 研究開発スタッフも現地採用しますか？	→	工場の機能に関する質問
生産管理システムは既存のものを利用しますか？ それとも新規に開発しますか？	→	情報システムに関する質問
現地に部品の調達先はありますか？	→	サプライチェーンに関する質問

ステップ2「自分なりの分類フレームワークを使った論点整理のトレーニング」

　お客さまから聞いた内容を記録し再構成して資料の形にする作業は、最初は手探りで始まるかもしれません。そこで少しヒントです。ご自分なりに「現状の課題」「あるべき方向性」「目的」「期待効果」「スケジュール」「予算」といった大まかな論点を分類したフレームワークをつくってみて、この中にお客さまから聞いた内容をマッピングしてゆく方法があります。まずは自分なりの分類フレームワークをつくってみてください。

　フレームワークができたら、このフレームワークを用いて日頃のオフィス会議や上司との打合せなどで出た会話を整理してみてください。もちろんお客さまとの会話でも結構です。しばらくこれをやってみますと勘所がつかめてきます。マッピングができない会話の内容があった場合には、フレームワークに新たな分類項目を追加してフレームワークそのものを成長させてゆきます。

　また論点整理のフレームは提案書で活用することも念頭に提案書の目次と整合した形で用意しておくと便利です。ご参考までに論点整理フレーム例を載せておきます。

整理フレームの例

背景や現状認識	目的
課題	課題解決に向けた方向性
方針	やりたいこと、実現したいこと、理由
関係者とその役割	スケジュール、実施時期
期待する効果、リターン、想定される指標	実現したいことの優先度
予算	制約やリスク、成功要因など

ステップ3「思考プロセスを表現する習慣づくり」

　現在のお仕事の中で上司や社外の方と会話する機会は多いと思います。こうした日頃の会話をする時に皆さんの思考プロセスを相手に明らかにする習慣をつけるトレーニングです。

　一般的な会話では結論だけを述べる傾向がありますが、「○○と考えたので△△としました」という具合に会話することを心掛けます。つまりご自分の頭の中を相手に見せる習慣です。

　上司の方と話していてある結論を伝えた時に「どうして？」と聞かれたご経験が皆さんには少なからずあると思います。こう聞かれる前に「○○と考えたので△△としました」という形に話法を変えてみてください。日頃から習慣づけていますと、相手に思考プロセスを説明することが簡単になります。

筆者略歴
石川　隆
(いしかわ　たかし)

1958年（昭和33年）　静岡県藤枝市生まれ。慶應義塾大学法学部政治学科卒、日本ユニバック（現日本ユニシス）、KPMGコンサルティング、ベリングポイント(現PWCコンサルティング)、日立コンサルティングを経て2016年（平成28年）株式会社軸造（静岡県藤枝市）設立。代表取締役。

会社名「軸造（じくぞう）」は文字通り「軸を造る」からとっています。「軸を造る」の意図は、物事を考えるときに少々のことではぶれない強い視座を持ちたいというところにあります。企業の皆さまとビジネスの未来を共に考え、道をつくってゆく一助になりたいと考えています。　info@ziqzo.co.jp

「形の無いモノ」の売り方

著者　石川　隆

発行日　2018年4月7日
発行者　高橋　範夫
発行所　青山ライフ出版株式会社
〒108-0014
東京都港区芝 5-13-11　第２二葉ビル 401
TEL：03-6683-8252　FAX：03-6683-8270
http://aoyamalife.co.jp
info@aoyamalife.co.jp

発売元　株式会社星雲社
〒112-0005 東京都文京区水道 1-3-30
TEL：03-3868-3275
AX：03-3868-6588

イラスト　本澤　夕佳

印刷 / 製本　創栄図書印刷株式会社

(C)Takashi Ishikawa 2018 printed in Japan
ISBN978-4-434-24489-6

＊本書の一部または全部を無断で複写・転載することは禁止されています。